AF156017

Gregor Gysi
Was Politiker nicht sagen

GREGOR GYSI

WAS
POLITIKER
NICHT
SAGEN

Weil es in der Demokratie um Mehrheiten
und nicht um Wahrheiten geht

Econ

Wir verpflichten uns zu Nachhaltigkeit
• Papiere aus nachhaltiger Waldwirtschaft
und anderen kontrollierten Quellen
• Druckfarben auf pflanzlicher Basis
• ullstein.de/nachhaltigkeit

Quellennachweise der im Buch zitierten Gedichte:
S. 24: Reiner Kunze, »rudern zwei«. Aus: ders., *Gedichte*.
© S.Fischer Verlag GmbH, Frankfurt am Main 2001
S. 50–51: Hans Magnus Enzensberger, »Über die Schwierigkeiten der
Umerziehung«. Aus: ders., *Gedichte 1950–2020*, S. 56–57.
© Suhrkamp Verlag Berlin 2019

Econ ist ein Verlag der Ullstein Buchverlage GmbH
ISBN 978-3-430-21043-0
4. Auflage 2024
© Ullstein Buchverlage GmbH, Berlin 2022
Alle Rechte vorbehalten, insbesondere und ausdrücklich
die Nutzung unserer Inhalte für Text und Data Mining
im Sinne von § 44b UrhG.
Redaktion: Gerd König, Berlin
Gesetzt aus der Scala
Satz: LVD GmbH, Berlin
Druck und Bindearbeiten: GGP Media GmbH, Pößneck
Printed in Germany

Inhalt

Inhalt

»Bevor Politiker Fragen beantworten,
quatschen sie erst mal lange, damit sie nicht
so viele Fragen beantworten müssen.«

Zuvor

Ein Ostdeutscher ist Bundespräsident.
Eine Ostdeutsche ist Bundeskanzlerin.
Und was aus mir wird, wissen Sie alle nicht.

*(Bei einer Diskussionsveranstaltung
zur Bundestagswahl im September 2013)*

Viele Redensarten ranken sich ums Reden. Sprache bestimmt unser Leben, von der Schrift- über die Körper- und Mienen- bis zur Zeichensprache. Reden sei Silber, Schweigen Gold? Klingt gut, wird oft zitiert. Wer kein Wort verliert, weil rundum alle rufen, plaudern, plärren, schreien, raunen, wirkt als der gewinnend Klügere. Wer vielsagend nichts sagt, schützt sich und andere vor dem Nichtssagenden. Nichts zu sagen, ist verfehlte Politik. Nichtssagend zu sein bei dem, was man sagt, ist leider gängige Politik.

»Der Rest ist Schweigen.« Das sind die letzten Worte Hamlets. Vergessen wir nicht: Die Ruhe, die da von Shakespeare beschworen wird, ist eine Friedhofsruhe. Sie offenbart: Das Schweigen steht in widersprüchlichem Ruf. Gerade in der Politik. Wir sind Berufsrednerinnen und Berufsredner! Und oft wird geschwiegen, wo geredet werden müsste. Sich ein Wort zur rechten Zeit am rechten Ort zu versagen, kann ein Ver-Sagen sein. Aber ebenso oft erweist sich auch das Gesagte als Methode, um etwas zu verbergen. Oder eine Verkündigung entpuppt sich als Lüge. Sagen wir denn, was wir denken? Denken wir, was wir sagen? Denken wir, bevor wir etwas sagen? Folgen wir dem, was wir sagen? Redetexte von Politikerinnen oder Politikern, die den Medien vorab zur Verfügung gestellt werden, enthalten den vorsorglichen Hinweis: Es gilt das gesprochene Wort. Daraus entstand der Kalauer, der besonders nach

Nichtssagend zu sein, ist leider gängige Politik.

Wahlen die Runde macht: Es gilt das gebrochene Wort. Schon in Friedrich Schillers *Wallenstein* heißt es: »Vor Tische las man's anders.«

In der Politik gehört das Mundwerk zum Handwerk, daher ist etwas dran am Aphorismus: Das Einzige, was Politikerinnen und Politiker sich gern vorhalten lassen, ist das Mikrofon. Die Rede, das Statement, die Presseerklärung, das Interview – das sind nur wenige Gelegenheiten für das Repertoire täglicher Entäußerungen, bei denen wir unsere Haupttätigkeit ausfüllen: öffentlich zu sein.

Der Verlag bat mich, etwas über Rhetorik zu schreiben. Wohl in der Annahme, dass ich rhetorisch irgendwie begabt sei. Das Lob nehme ich frech an. Man muss nicht allen und allem widersprechen.

Rhetorik ist übersetzbar als Redekunst. Das Wort als politisches Instrument: Es steht, bei Parteien, in Parlamenten im Einsatz für eine möglichst wirksame Vertretung jeweiliger Interessen. Die Sprache als Transportmittel für Ansichten und Anliegen. Der Mensch betritt ein Podium und sendet aus. Heftig oder besänftigend, befeuert oder besinnlich, zornig oder euphorisch, bedrängt oder befreit, witzig oder tiefernst.

Wer redet, will glänzen. Das sei eitel? Ja. Wer so in die Öffentlichkeit tritt, dass es anderen auffallen möge, ist eitel. Die Frage ist nur: Beherrscht meine Eitelkeit mich, oder beherrsche ich sie? Auch hier gilt: Vorsicht vor allzu selbstgewissen Antworten!

Beherrscht meine Eitelkeit mich, oder beherrsche ich sie?

Rhetorisch etwas bewandert zu sein, bedeutet nicht, dass es einem leichtfiele, über diese Thematik zu schreiben. Das zu denken, wäre ein Irrtum, ein falscher Schluss. Eine gute Fußballerin oder ein guter Fußballer kann, aber muss keine gute Fußballtrainerin oder kein guter Fußballtrainer sein; eine mittelmäßige Sportlerin oder ein mittelmäßiger Sportler kann diesbezüglich viel wirkungsvoller in Erscheinung treten. Schon manches Restaurant verlor an Renommee, weil die Chefköchin oder der Chefkoch in die Geschäftsführung aufstieg. Mit Talenten muss man differenziert umgehen. Sie sind nicht automatisch übertragbar auf andere Bereiche.

Zudem: Schreiben und Reden sind zwei sehr verschiedene Dinge. Zu DDR-Zeiten war der Schriftsteller Heiner Müller mein Mandant. Er erläuterte mir eine Viertelstunde lang sein Mietproblem. Ich hörte zu und verstand nichts. Mir fiel sein Theaterstück *Weiberkomödie* ein, in dem ein einziger Satz die Widernatürlichkeit von Grenzen offenbart. Ein DDR-Bauer steht an der deutsch-deutschen Grenze und sagt:»Ja, ja, das Gras wächst von hüben nach drüben, nur der Mensch braucht Papiere.« Lakonisch und treffend.

In jenem Gespräch mit Heiner Müller zitierte ich den Satz und fragte den Dichter und Dramatiker, wieso er das Mietproblem nicht so formuliere, dass es mir als seinem Anwalt sofort einleuchte. Er sah mich kopfschüttelnd an und sagte:»Wenn ich reden könnte, würde ich doch nicht schreiben.« Klingt gut, aber es stimmt nicht; er konnte sehr wohl gut reden. Diese Anekdote öffentlich zu erzählen, hat er mir übrigens schon lange vor seinem Tod 1995 erlaubt.

In jenem Moment war ich einmal mehr überzeugt: Ein wirkliches Genie geht niemals in die Politik. Müller wurde mal gefragt, warum er so leise rede.»Damit die Leute nicht mitkriegen, wenn ich morgen was ganz anderes sage.«

Die große Schauspielerin Inge Keller, Grande Dame des DDR-Theaters, hat in meiner Gesprächsreihe»Gregor Gysi trifft Zeitgenossen« am Deutschen Theater Berlin von einem Gespräch mit dem berühmten Opernregisseur Walter Felsenstein erzählt. Eines Tages sei er auf sie zugekommen und habe gefragt, wie sie das nur mache.»Was denn?«, fragte Inge Keller zurück. Felsenstein:»Na, diese Naivität bei gleichzeitigem Kunstcharakter des

Spiels.« Die Keller blickte verwirrt, ja verstört, auf und fragte noch einmal: »Was bitte?« Da entschuldigte sich Felsenstein und wechselte sofort das Thema. Er hatte begriffen: Mit seiner Frage hatte er an etwas Geheimnisvolles gerührt, das man lieber unangetastet lassen sollte.

Das Beispiel der Inge Keller, also das Beispiel der Kunst, ist nicht unmittelbar auf die Sparte der Politik übertragbar. Das wäre nun wahrlich zu eitel. Und doch ... Über meine Rhetorik wurde eine Magisterarbeit geschrieben. Ich bekam sie zu lesen, aber nach den ersten sieben Seiten klappte ich sie wieder zu. Nicht, dass ich bis dahin etwas auszusetzen gehabt hätte am Text. Dass ich ihn beiseitelegte, war kein Werturteil. Im Gegenteil: Ich hätte Gutes über mich erfahren. Aber ich wusste: Hätte ich weitergelesen, wäre es mir wie einem Tausendfüßler ergangen. Wenn der darüber nachdächte, wie er läuft, verknotete er sich sämtliche Beine.

Gleichwohl war ich eitel genug, der Beobachtung des Autors auf den ersten sieben Seiten gern zu folgen. Die Analyse beschäftigte sich nämlich zunächst mit der Frage, warum Leute Kundgebungen, auf denen ich spreche, kaum verlassen – selbst dann nicht, wenn ich länger als eine Stunde ins Mikrofon rede. Beobachtet hatte der angehende Magister eine Rede von mir auf einer Kundgebung in Frankfurt am Main. Sie fand in der Nähe der Deutschen Bank statt. Während ich sprach, endete wohl gerade die Arbeitszeit in vielen Büros, Beschäftigte verließen das Gebäude und sahen mich. Fast alle blieben stehen, um kurze Zeit zuzuhören, was ich so von mir gab. Warum ging kaum einer nach wenigen Minuten weg?

Der mich beschreibende Beobachter führte das darauf zurück, dass ich scheinbar keine Rede hielt, sondern ein Gespräch versuchte. Befindet man sich mit jemandem im Gespräch, ist man gewissermaßen verwickelt. Aus einer Unterhaltung steigt man nicht so leicht aus, das ist ein geläufiger psychologischer Reflex.

14

Ich las das und konnte nur nicken. Zugleich wurde mir bewusst, dass ich darüber noch nie nachgedacht hatte. Beim Reden stellte ich Fragen an die Kundgebungsbeteiligten. Aber logischerweise – da es sich ja um eine Rede handelte und nicht wirklich um ein Gespräch – beantwortete ich sie dann selbst. Was natürlich, letzten Endes, eine höchst bequeme Variante von Fragestellung ist, das will ich einräumen.

Für Politikerinnen und Politiker, überhaupt für öffentliche Rednerinnen und Redner, ist dies ein ernst zu nehmender Konflikt: sich selbst zu vertrauen, seinem eigenen Naturell treu zu bleiben – und zugleich zielgerichtet, also auch kontrolliert zu agieren. Man erscheint ja nicht, wenn man auftritt. Man tritt höchstens, im besten Falle, in Erscheinung. Deshalb darf man aber nicht eine Sekunde lang glauben, man sei allein deshalb schon eine Erscheinung.

Kurzum: Eine Fähigkeit zu besitzen, hat nur wenig bis gar nichts mit der Gabe zu tun, darüber auch zu reflektieren. Das gilt auch für alle Bewegungsformen in der Politik. Ich habe dennoch versucht, ein paar Gedanken zur politischen Rhetorik und zu meinem Verhältnis zur Sprache aufzuschreiben. Kein Angriffspapier. Kein Ratgeberprogramm. Eine Rezeptur schon gar nicht. Ein biografisch beeinflusster Erklärungsversuch. Systematik? Eher eine Plauderei. Ich habe keinen Vorbehalt gegen dieses Wort. Es hat etwas Freundliches, Zugewandtes. Sehr viele Bücher aus der Spitzenpolitik stellen säuberlich geordnete Thesen auf. Ja, geht man die Buchhandlungen durch, scheint sehr viel gedacht und klar analysiert zu werden in diesem Land ... alles so präzis zwischen den Buchdeckeln, vieles so grundsätzlich. Sagen wir so: Ich staune.

Die Sprache ist das wesentliche Instrument des Menschen in der Politik. Auch in den Medien. Denn wir wissen aus Erfahrung: Dem Begriff der Schlag-Zeile wohnt mitunter ein semantischer Beigeschmack von Wahrheit inne. Sprache kann leise

oder laut sein, helfend oder verwirrend, kriegerisch oder frieden-stiftend. Redend finden wir zueinander, geraten aneinander oder driften auseinander. Bei Durchsicht meiner bisher geschriebe-nen Bücher für diesen Rhetorik-Text, be-
Die Sprache ist das sonders meiner Erinnerungen *Ein Leben*
wesentliche Instru- *ist zu wenig,* habe ich festgestellt: Abläufe
ment des Menschen meiner Biografie – ob als Rechtsanwalt,
in der Politik. Parteivorsitzender oder Fraktionsvorsit-zender – kann ich tatsächlich oft an Ereig-nisse oder Episoden binden, die viel mit dem Wort zu tun haben, mit Sprache. Nicht zufällig wurde ich Autor und Moderator.

Ich rede gern. Wer spricht, möchte gehört werden. Wer gehört werden möchte, darf nicht nur stammeln. Politikerinnen und Politiker sollten also, wenn sie etwas sagen, auch etwas zu sagen haben. Schon gar diejenigen, die in der Gesellschaft – wie man so kennzeichnend sagt – etwas zu sagen haben.

Gleich zu Beginn möchte ich für meinen Sprachgebrauch etwas klarstellen.

Wie sehr unsere Welt in Bewegung ist, zeigt der überall spür-bare Versuch, mit Sprache Geschlechtergleichheit herzustellen. Undeutlich treten neue Sterne ins Haus, schrieb Bertolt Brecht. Er meinte damit: Umbrüche, Neuordnungen vollziehen sich oft tastend und testend, nicht schlagartig definitiv, sondern mit ex-perimentellen Schritten in verschiedene Richtungen.

Gendersternchen zum Beispiel, den Doppelpunkt im Wort oder das große Binnen-I mag ich nicht. Was ich nicht sprechen kann, will ich auch nicht schreiben. Aber ich spreche und schreibe gewissermaßen doppelt, zum Beispiel: Politikerinnen und Politiker.

Warum? In der Tageszeitung *Neues Deutschland* stand vor Jahren der Brief einer Leserin, der mir in Erinnerung geblieben ist. Sie antwortete auf einen Artikel, in dem es um die Verwen-dung weiblicher Bezeichnungen etwa bei Berufsangaben gegangen war. Dies, so der Artikel, sei überflüssig, da die Frauen immer mitgemeint seien. Die Leserin machte einen eigenen Vorschlag: Da über Jahrhunderte die Sprache männlich dominiert war, solle für die nächsten Jahrhunderte die weibliche Variante gelten, und die Männer seien damit auch gemeint. Der letzte Satz ihres Briefes lautete: »Ab heute heißt es dann: Herr Rechtsanwältin Gysi.« Ich las und erschrak. Nein, Rechtsanwältin wollte ich nicht werden. Seitdem leiste ich bereitwillig und konsequent meinen Beitrag für die Gleichberechtigung von männlichen und weiblichen Bezeichnungen und für die Gleichstellung der Geschlechter.

Die Gleichberechtigung war übrigens in der Verfassung der DDR genauso verankert, wie sie es im Grundgesetz der Bundesrepublik Deutschland seit 1949 ist. Trotzdem konnte in den Fünfzigerjahren ein Mann in der Bundesrepublik noch das Arbeitsverhältnis seiner Ehefrau kündigen. Ohne seine Genehmigung kam dieses Arbeitsverhältnis auch gar nicht zustande. Das Gleiche galt, wenn die Ehefrau ein Geldkonto eröffnen wollte. Es dauerte sehr lange von einer Entscheidung des Bundesverfassungsgerichts bis zum ersten Gleichstellungsgesetz, das der Bundestag verabschiedete. Erst nach einer weiteren Entscheidung des Bundesverfassungsgerichts kam es zum zweiten Gleichstellungsgesetz. Endlich wurde dann auch der Hausstand in Gestalt des Ehemannes im BGB überwunden. Das war in der DDR undenkbar. Ich kann mich noch gut daran erinnern, wie ich in einer Rede im Bundestag das alles aufzählte und die damalige Bundesministerin Ursula von der Leyen staunend dastand, mit leicht geöffnetem Mund.

Und: Gleichberechtigung ist noch nicht Gleichstellung. Letztere verlangt, dass Frauen die gleichen Chancen in Bildung und Ausbildung, bei beruflicher Tätigkeit und bei der Karriere haben müssen – und Männer gleiche Pflichten im Haushalt und gegenüber Kindern haben.

Sprache kann verletzen, ausgrenzen. Im schlimmsten Fall kann sie – wie in Nazi-Deutschland – zum Werkzeug einer Mordmaschinerie, eines Menschheitsverbrechens werden. Deshalb sollten wir nicht geringschätzig darüber hinwegsehen, wenn Menschen und Menschengruppen sich durch landläufig und gewohnheitsmäßig verwendete Begriffe verletzt fühlen. Es wurde Zeit, dass ihnen endlich Mut zuwächst, sich laut und öffentlich gegen imperiales, koloniales Erbe und Männerdominanz zu wehren. Das ist eine dieser Veränderungen des Zeitgeistes, die Politik bejahen und unterstützen muss.

Der Sprachgebrauch ist nichts Statisches. Symbolik gehört zur Veränderung. Daher ist es gut, wenn Straßen umbenannt werden, die einen Kolonialherren würdigen.

Der Sprachgebrauch ist nichts Statisches. Kulturelle Identität darf sich nicht auf die potenzielle Verletzung anderer Menschen gründen. Nun ändert sich der Sprachgebrauch nicht über Nacht, wir müssen uns alle miteinander Zeit nehmen und mit Beharrlichkeit daran arbeiten, dass Veränderungen zum Allgemeingut werden. Geduld ist vielleicht die unauffälligste Revolution, möglicherweise deshalb auch die unbequemste, aber auf ihre Wirkung lässt sich bauen.

Strikt bin ich dagegen, Bücher aus früheren Zeiten ahistorisch umzuschreiben. Man kann nicht gewaltsam auf den heutigen Stand bringen, was unter gänzlich anderen Verhältnissen entstand. Bilderstürmerei setzt radikale Zeichen. Es ist eine Sofortreaktion, sie will Explosion sein. Aber Gemüt und Gewohnheiten der Menschen folgen einem anderen Tempo. Sie lassen sich nicht so ohne Weiteres etwas überstülpen. Statt in Bücher etwas hineinzuredigieren, Denkmäler zu stürzen oder Architekturen zu sprengen, sollte eine sorgsame Kultur der Anmerkungen und Kommentare entwickelt werden, die das jeweilige Erlebnis erweitert – durch Einordnung nicht mehr zumutbarer Begriffe oder Huldigungen. Nur so wird doch ersichtlich und einleuchtend, welche Kämpfe geführt werden mussten, um heutige und künftige Standards zu erreichen.

Dies betrifft auch das Gendern. Es ist gut, dass die Problematik der Diversität im gesellschaftlichen Bewusstsein angekommen ist. Dieses Bewusstsein wird wachsen, denn es ist unaufhaltsam. Wir werden lernen, sprachliche Entsprechungen unserer sich ändernden Einstellungen und Urteile als Prozess, als Bewegung und Sprachregelungen nicht mehr nur als eingeschliffenen Zustand zu betrachten. Behörden können und sollen dabei in ihren Dokumenten vorangehen. Eingedenk der Erfahrung, dass es einigen Behörden naturgemäß sehr schwer fällt, Bewegung vor den Status quo zu setzen.

Um sprachlich ein wenig zu spielen: Dass es in Behörden schleppend vorangeht, offenbart sich bereits darin, dass im Begriff Zuständigkeit das Wort Zustand steckt. Zustände wollen sich nicht bewegen, sondern behaupten. Kurzum: Eine Übersetzung bestimmter kultureller Wandlungen in die Umgangssprache funktioniert nicht von heute auf morgen, schon gar nicht auf Beschluss. Doch diese Übersetzung wird allmählich, gleitend kommen, je mehr Menschen von sich aus gendern.

Mir ist bewusst, dass meine eigentliche Domäne das Reden ist, nicht das Vorlesen. Noch nie habe ich aus Büchern, die ich geschrieben habe, öffentlich vorgetragen. Das kam mir zu steif vor, zu festgelegt, zu angezurrt. Wirklich, das Gespräch liegt mir eher. Dem schriftlichen Ausdruck fehlt der Ton, die Stimme, der Rhythmus des Mündlichen, die Betonung. Das ist ein Manko jedes niedergeschriebenen Textes. Aber ebenso fehlgeleitet empfinde ich den Versuch, einen sogenannten O-Ton in ein Buch zu übertragen. Das Schriftliche besitzt und fordert seine eigene Kultur.

Und übrigens, da wir bei Büchern sind: An einem Tisch zu sitzen und zu schreiben, hat gegenüber dem politischen Alltag und seinen unvermeidlichen Reden zweifelsfrei einen Vorteil: Ich darf und muss dabei (endlich mal?) meinen Mund halten.

1.
Wahrheit – ein Gegensatz zur Mehrheit?

Ich bin Zentrist. Das bedeutet,
mit allen Ärger zu haben.

(In einem Interview 2011)

Politische Rhetorik ist das Bekenntnis zur zentralen Funktion von Sprache in der politischen Praxis. In der Sprache, in der wir reden, muss zur Sprache kommen, was unsere Wählerinnen und Wähler für wichtig halten. Wir in der Politik betreiben keine Handelsvertretung, wir sind Volksvertreterinnen und Volksvertreter. Wo es um Antworten geht, bleibt Rhetorik zuallererst die Kunst des Fragens. Nur sie führt weiter ins Offene. Der Dichter Karl Kraus sagte vom Feuilleton, es drehe, wenn es gelinge, Locken auf einer Glatze. Politik ist nicht Feuilleton, aber in vielen politischen Reden herrscht Leere.

In vielen politischen Reden herrscht Leere.

Es ist ein schmaler Grat zwischen gedanklicher Oberflächlichkeit und bewusst gelegter falscher Fährte, um von tatsächlichen Zuständen und der möglichen Kritik daran abzulenken. Es geht in der öffentlichen Rede darum, komplizierte Zusammenhänge des Gesellschaftlichen, Sozialen, Strukturellen in eine Sprache zu übertragen, die zu verstehen und zu begreifen hilft. Fachgebiete sind sehr eigene, für den Außenstehenden oft undurchdringliche Welten. Politik steuert, und sie sollte es so tun, dass Wählerschaften das berechtigte Empfinden haben, mit im Boot zu sitzen. Aber nicht wie blinde Passagiere oder wie Dösende in Liegestühlen eines Kreuzfahrtschiffes. Demokratie ist Beteiligung am Kurs, ist Mitarbeit am Logbuch, ist Arbeit, frei nach einem Gedicht von Reiner Kunze:

»Rudern zwei / ein boot, / der eine / kundig der sterne, / der andre / kundig der stürme, / wird der eine / führn durch die sterne, / wird der andre / führn durch die stürme, / und am ende ganz am ende / wird das meer in der erinnerung / blau sein.«

Gern reden Politikerinnen und Politiker von den Stürmen der Zeit, als seien sie Kapitäninnen und Kapitäne, denen alles klar und denen bitte schön nicht hineinzureden ist. Sie vergessen, dass sie keine Galeere befehligen, auf der die Menschen folgsam die Ruder bedienen. Man sagt oft, die oder der sei staatslenkend am Ruder. Das Bild trifft's in vielen Fällen – man spürt es am Schlingern und der bitteren Tatsache, dass das Vertrauen in die Politik über Bord geht.

Politik entsteht mit Sprache, vollzieht sich durch Sprache, sie lebt oder stirbt in der Sprache. Und sie lebt durch Texte: Verfassungen, Gesetze und viele weitere Dokumente. Nun leben wir in einer Zeit, da immer mehr parteipolitische Farben ins Spektrum drängen. Durchdringend ist das Warnrot: Politik redet und redet, aber immer mehr Menschen hören nicht hin. Politik beschwört, aber immer mehr Menschen wenden sich ab. Politik schlägt vor, aber immer mehr Menschen schlagen ihre Angebote aus und schlagen sich auf andere, auch dunklere politische Seiten. Politik betont ihre Ehrlichkeit, aber immer mehr Menschen sind ungläubig und misstrauisch.

Sprache, so habe ich den Eindruck, wird immer kleinteiliger. Sie weitet nicht, sie häckselt; wo sie klar sein sollte, weicht sie aus; wo sie Form wahren müsste, gebärdet sie sich oft kulturlos; wo sie aufzuklären hätte, bemäntelt und verschleiert sie zunehmend. Die Sprache des politischen Betriebes ist zunehmend hohl und unattraktiv geworden. Sie ist oft grau und kalt wie

Asche, in der nichts mehr glimmt und glüht. Sie zündet nicht mehr, aber es offenbaren sich neuralgische Punkte am rechten Rand der Gesellschaft, da zündelt sie mehr und mehr.

Beizeiten in der Menschheitsgeschichte stieß die Beschäftigung mit der Rhetorik an die Fragestellung, was dieses eine große Wort wohl beinhalte: Wahrheit! Wahrheit? Gotthold Ephraim Lessing schrieb: »Wenn Gott in seiner Rechten alle Wahrheit und in seiner Linken den einzigen immer regen Trieb nach Wahrheit, obschon mit dem Zusatze, mich immer und ewig zu irren, verschlossen hielte und spräche zu mir: Wähle! Ich fiele ihm mit Demut in seine Linke und sagte: Vater gib! die reine Wahrheit ist ja doch nur für dich allein!«

Wahrheit. Ein gewichtiges Predigtwort. Aber natürlich bin ich kein Prediger – obwohl ich staune, dass ich seit einiger Zeit zunehmend in Kirchen eingeladen werde. Dann steige ich die Kanzeltreppen hoch, stehe oben und stelle erschrocken fest, dass meine Stimme eine pastorale Färbung bekommt. Warum so relativ viele Einladungen in Kirchen? Erst dachte ich, aha, auch dort herrscht Personalmangel. Aber es hat wohl eher mit Orientierungssuche zu tun, die vor Partei- und Konfessionsgrenzen keinen Halt mehr macht.

Die praktizierenden Politikerinnen und Politiker haben weniger mit Gott als mit den Gegebenheiten eines Alltags zu tun, der leider niemals reibungslos zu organisieren ist. Sie sollten eines beherzigen und verinnerlichen: Wir sind allesamt Suchende – nicht größer, aber auch nicht geringer ist unser Stand.

Dass es im politischen Kampf der Parteien um besagte Mehrheiten gehe und nicht um Wahrheiten, ist auf den ersten Blick ein zynischer Satz. Vielleicht sogar noch auf den zweiten Blick. Denn der Satz verweist vordergründig und zugespitzt auf eine üble Tatsache: Zu den Waffen des gewieften Rhetorikers zählt leider die gespaltene Zunge. Fangnetze verschiedenster Art werden in politischen Reden eingesetzt. Worte können zum Kokon werden, der verstrickt, einwickelt und fesselt. Das, was der Öffentlichkeit möglichst einleuchtend vermittelt werden soll, gerät schnell zu einer täuschenden, sich anbiedernden Vereinfachung, die jeden Denkweg fahrlässig bis gefährlich abkürzt, statt ihn zu öffnen.

Wahrheiten sind oft unbequem. Sozialstaat, Klimaschutz, Weltfrieden, Integrationspolitik, Digitalisierung – was an dringlichen Themen man auch heranzieht: Alles kostet Geld, bei vielem werden neue Gebote oder gar Verzicht auf Gewohntes befürchtet. Die allgemeine Stimmung ist gereizt. Wer möchte da beim Wahlvolk Groll auslösen? Erst mal ausreichend Stimmen sammeln, dann werden wir weitersehen.

So? Niemand, aus welcher Partei auch immer, wird sich zu einer derartig groben, im Grunde unverantwortlichen Denk- und Verfahrensweise bekennen wollen. Aber der Drang nach Mehrheiten führt zu gewollten oder unfreiwilligen, bewussten oder unbewussten Vorkehrungen von Politikerinnen und Politikern, Menschen – speziell im Vorfeld von Wahlen – beim Ringen um deren Stimme bloß nicht zu verprellen.

Mehrheit ist ein demokratisches Schlüsselwort. Es wird auch in diesem Buch immer wieder ins Gespräch gebracht werden. Selbst wenn eine bestimmte politische Überzeugung von der Mehrheit getragen wird, muss diese Überzeugung nicht automatisch richtig sein. Ich denke an den Publizisten und SPD-Politiker Günter Gaus: Er fürchtete die Mehrheit, dieses: Es ist alles nicht so schlimm; woanders ist es auch nicht besser; es ist immer schon so gewesen; es ist gut so, wie es ist; man kann eh nichts machen. Aber freilich hielt auch Gaus die Mehrheit für einen wichtigen Baustein des Gemeinwesens. Er setzte die Freiheit intellektueller Befriedigungen niemals höher und wichtiger an als das Durchkommensbedürfnis der vielen Abhängigen und also Kraftloseren. Meist sind sie ja zu ihrem Leid von erheblichen sozialen Grenzziehungen betroffen. Daher fehlt ihnen der Handlungsspielraum. Somit werden sie daran gehindert, wirklich frei zu sein.

Es war der Sozialdemokrat Herbert Wehner, einer der wichtigsten Gesprächspartner von Gaus, der oft von seinem Respekt vor dem »einfachen Leben« sprach: »Der Begriff ›einfaches Leben‹ – ich habe ihn für mich gedeutet: so leben, wie du es wirklich, ohne Umschweife, mit deinem Gewissen vereinbaren kannst. Und: nicht so viele Dinge machen müssen, die immer erst besonders erklärt werden müssen.« Soziale Demokratie, das heißt stets auch: Das Leben des einzelnen Menschen möge entbunden sein von weltanschaulichen Zwängen und patriotischen Hysterien.

Es geht um Mehrheiten, nicht um Wahrheit? Das eine steht gegen das andere? Betrachten wir den Satz vorurteilsfrei. Vielleicht hilft zum besseren Verständnis erneut eine Beobachtung aus dem Theaterbetrieb. Der Schauspieler Ulrich Matthes sagte in einem Interview: »Am Ende hat immer das Publikum recht.« Er meinte damit nicht, dem Publikum nach dem Munde zu reden, Streit zu vermeiden und wohlgefällig zu sein. Das wäre der Tod der Kunst (wie es der Tod der Politik wäre). Vielmehr geht es um eine Grundhaltung des Künstlerischen wie eben auch der Politikerinnen und Politiker: Man steht nicht für sich allein, man agiert nicht außerhalb von Zeit und Raum. Wir sind nicht Herrschende, sondern Dienende. Gewiss, es geht darum, das für sich Erkannte mit aller Leidenschaft und Überzeugung zu vertreten. Niemals jedoch geht es um alles oder nichts. Niemals ist das Mehrheitliche – so viel Gefahr es auch bergen könnte – ein Umstand, auf den man geringschätzig, von vornherein verachtend, mit Arroganz blicken sollte. Wenn ich das nicht akzeptiere, lande ich wieder bei der Anmaßung, diktatorisch Menschen zu ihrem Glück zu zwingen. Mit dieser Kol-

> Überzeugungsarbeit ist anstrengend, aber es führt kein Weg daran vorbei.

lektivmaßnahme bin ich aufgewachsen, das will ich nicht wieder erleben. Überzeugungsarbeit ist anstrengend, aber es führt kein Weg daran vorbei.

Aufgabe der Politik ist es, der Mehrheit zuzuhören und zugleich für Strukturen und gesellschaftliche Atmosphären zu sorgen, in denen Mehrheit etwas ist, von dem Frieden, Sicherheit, Geborgenheit, Gerechtigkeit, aber auch Beweglichkeit und Veränderbarkeit ausgeht. Und: verlässlicher Schutz von Minderheiten! Das schreibt sich sehr leicht und schnell hin, ist aber genau diese gigantische Aufgabe, vor der eine demokratisch gesinnte Politik steht, ohne je zu einem Abschluss ihrer Mühen zu kommen.

Blickt man an diesem Punkt in die Historie, so ist unbedingt Aristoteles zu nennen, der den Argumentationscharakter der Rhetorik verteidigte, die Pflicht zu größtmöglicher Glaubwürdigkeit hervorhob und zugleich betonte, dass es keine abgesicherte Wahrheit gebe.

Wo die Meinung hoch im Kurs steht, wird vor allem auf eines Wert gelegt: die Vielfalt der Ansichten, also Streit. Öffentliches Reden ist daher ein Kampffeld. Das Reden gibt einem Publikum etwas, indem man einander nichts schenkt. Auch das ist leicht gesagt, aber schwer getan und naturgemäß schwer auszuhalten. Denn nicht alle Menschen denken so, wie man selbst gestrickt ist.

In einem Gespräch mit meiner Schwester Gabriele – für ein Buch über unseren Vater Klaus Gysi – kamen wir auf dieses Thema: dass jeder Mensch ein eigener Kosmos sei. Gabriele erzählte, wie sie als Jugendliche von so vielen Leuten genervt gewesen sei; der eine mache dies und der andere tue das, und der eine behaupte etwas, das der andere strikt leugne. Was sei nun wahr? Gabriele berichtete unserem Vater von ihrem Groll. Er hörte ihr zu und sagte: »Eines musst du dir merken: Es gibt so viele Mittelpunkte auf der Welt wie Menschen.« Seitdem, so Gabriele, sei es ihr im Umgang mit Leuten nicht mehr langweilig, denn fortan stand ihr ja, ob nun im Streit oder in Zuneigung, ein Mittelpunkt gegenüber.

Diese Auffassung unseres Vaters ist ein lebensfreundlicher Ansatz. Menschen, die man bedingungslos ernst nimmt, findet man unwillkürlich interessant, herausfordernd und respektabel, selbst wenn man jemanden ablehnt. Unser Vater gestand übrigens, diesen Satz aus Lion Feuchtwangers *Der jüdische Krieg* entliehen zu haben. Dort muss ein römischer Senator ins Nachbarland fliehen. Er wird Bettelmönch. Die Sprache des neuen, ihm fremden Landes kennt er nicht. Lernend hört er überall hin. Nach einiger Zeit beginnt er, die ihm bisher unverständlichen Worte der Menschen um ihn herum zu verstehen. Und er fängt an zu begreifen, dass es so viele Mittelpunkte auf der Welt gibt wie Menschen: »Und Rom ist nicht der Mittelpunkt der Welt.«

Dass unser Vater Klaus Gysi – der indirekt, also ohne pädagogischen Vorsatz auch so etwas wie unser familiärer Rhetoriklehrer war – in seinem politischen Leben als Antifaschist, Verlagsleiter, Kulturminister, Botschafter und Staatssekretär für Kirchenfragen sehr souverän und menschlich agierte, hatte also ganz sicher einen Anteil daran, dass uns Kindern die eigene Kontur ebenfalls wichtig wurde. Sein Leben als SED-Genosse beschnitt ihn in dieser Hinsicht logischerweise auch. Rom, welchen wechselnden Namen es auch immer tragen mag, ist wirklich nicht der Mittelpunkt der Welt.

Das führt wieder zum Reiz und zum Problemfeld der Rhetorik: Man möchte mit der eigenen Meinung überzeugen, trifft aber fortwährend auf Meinungen, die ihren Anspruch ebenso anmelden. Wieder sind wir bei der Frage: Was also ist Wahrheit? Ist sie ein Besitz? Ist sie ein Zustand, ein Prozess, eine Festlegung oder nur eine Chimäre? Wo versucht wird, ihr mit Worten beizukommen oder sie gar in Worte zu fassen, teilt sie den Doppelcharakter des geschriebenen oder gesprochenen, des öffentlichen Wortes: Es drückt aus, und zugleich verbirgt es; es ist Wert und Ware; es lehrt immer auch, Dinge nicht ungeprüft – wörtlich zu nehmen ...

2.
Die Einen sind Sender,
andere nur Empfänger?

Ich freue mich wirklich wahnsinnig.
Eine Tante als Nobelpreisträgerin –
mehr geht nicht, höchstens, dass ich
ihn selber bekomme, aber wofür?

(Zur Nobelpreisvergabe an Doris Lessing 2007)

Es gibt im Deutschen Bundestag verschiedene Parteien, weil unterschiedliche Interessen vertreten werden müssen. Gesellschaft heißt Vielfalt: Es gibt konservative, linke, liberale, ökologische Interessen. Eine Partei muss wissen, welche Interessen sie vertritt und welche nicht. Das erhebt Sprache zu einem der wichtigsten Instrumente für den Streit untereinander, aber eben auch zum Motor für Klarheit und Erkennbarkeit. Mag man innerparteilich in so nötigen wie offenen Auseinandersetzungen stehen – nach außen hin ist Klarheit keine Tünche, sondern Erwartung der Wählerschaft. Zersplitterung erzeugt keinen Eindruck der Vielfältigkeit, sondern von Chaos und Fahrigkeit. Ich weiß, wovon ich rede: Die Bundestagswahl 2021 hat es meiner Partei hart und unmissverständlich vor Augen geführt. Speziell wir Linken haben einen seltsamen Ehrgeiz entwickelt: Wir schaffen es mit Streit inzwischen in die Medien, da ist der noch gar nicht ausgebrochen.

Haltung ist unverzichtbar, wenn man Menschen gewinnen möchte. Haltung heißt nicht: Starre. Eine Rede zum Beispiel wird – gehalten. Halten? Eine bezeichnende Sprachbrücke zum leidigen Wesen der landläufigen Rede: Man hält etwas fest, man hält etwas hoch. Die Herausforderung besteht aber darin, sich und andere redend auch in Gang zu setzen, sich in Trab zu bringen, das Gewohnte zu verlassen. In Reden, die man hält, sollte man selbst vorkommen, ohne in Selbstspiegelung zu verfallen.

Die gute Rede weiß, die gute Rede weiß nicht besser. Die gute Rede hat Sachverstand, die gute Rede weckt Gefühle. Die gute Rede regt an, die gute Rede beruhigt. Die gute Rede hat Feuer, die gute Rede löscht Brände. Die gute Rede spaltet, die gute Rede führt zusammen. Die gute Rede stellt Thesen auf, die gute Rede widerlegt Thesen. Die gute Rede meint es ernst, die gute Rede unterhält.

Die gute Rede weiß, die gute Rede weiß nicht besser.

Einer Rede tut es nicht gut, wenn sie den Eindruck macht, sie könne überall und zu jeder Zeit gehalten werden; als bestünde sie aus standardisierten Teilen, aus Versatzstücken, die nur hin und her zu schieben seien. Ich kann es nur allgemein sagen: Ich biedere mich nicht an, ich vermeide Parteivokabular, ich packe nicht zu viel hinein in meine Sätze. Und ich hoffe zu wissen, wie lange eine Rede zu welchem Anlass dauern sollte.

Zu viel verlangt, was die gute politische Rede so alles leisten soll? Etwas infrage zu stellen, gar sich selber und den eigenen Standpunkt – das ist schwer, wegen der eben benannten (und notwendigen!) Abgrenzungszwänge. Dieselben Zwänge sind ja auch die Tugenden einer Partei, denn sie offenbaren deren Kenntlichkeit. Aber weil man politisch etwas Bestimmtes vertritt, sind Reden, überspitzt gesagt, immer auch Verlustanzeigen. Wenn der Volksmund fordert: »Raus mit der Sprache!«, so ist dies der sprichwörtliche Verweis auf das Problem: Jede Rednerin, jeder Redner tut notgedrungen so, als sei er ausgefüllt von einer einzigen, gültigen Meinung. Aber das ist nicht wahr. Jede Rede lässt weg, was einer Ansicht im Moment als nicht zuträglich erscheint. In vielen Reden wird aus guten wie weniger guten Gründen nicht wirklich Gebrauch gemacht von Zweifeln und Einwänden, in die man hineinkäme, würde man bei einer Rede unbekümmert frei denken (können, dürfen), statt nur fertig Vorgekochtes und gut Abgepacktes abliefern zu müssen.

Man redet, speziell im Plenum des Bundestages, vielfach konditioniert und angegurtet. Denn wie läuft alles ab? Die Regierung gibt vor, die Opposition widerspricht, die Regierung bleibt eher ungerührt. Dass die Opposition in den Ausschüssen gelegentlich durchaus Einfluss auf die Gesetzgebung nimmt, ist eine unbestrittene Wahrheit, nach außen aber dringt sie kaum.

Man hat das Gefühl, bei bestimmten Problemen kommt die Kompromissfähigkeit aller Beteiligten an Grenzen. Es gibt politische Fragen, die nur lokal, andere Fragen, die nur national, und wieder andere, die nur international zu beantworten sind. Balancen zu suchen und zu finden, das ist in Demokratien selbstverständlich. Wir haben auf allen gesellschaftlichen, politischen Ebenen Institutionen, man muss offen sein für das Gesamtfeld der Demokratie. Wenn man bestimmte Ebenen innerlich ablehnt, verliert man als Partei Wirksamkeit in und auch gegenüber den Gremien – und zwar auch dort, wo man meint, Kernkompetenz zu besitzen. Bei den Linken ist dies das Soziale.

Jede Rede lässt weg, was einer Ansicht im Moment als nicht zuträglich erscheint.

Ein Beispiel: In Deutschland zahlt die meisten Steuern der Mittelstand, nicht etwa die Konzerne. Mittelständler leiden darunter, dass nur sie in der Wirtschaft relativ ehrlich Steuern bezahlen müssen. An die großen Konzerne traut sich der Staat nicht ran, und die Armen können nicht zahlen. Also wird die Mitte steuerlich geknechtet. Das geht so nicht weiter. Wenn die gesellschaftliche Linke dieses Land verändern will, braucht sie ein ehrliches Bündnis mit dem Mittelstand. Und dieser muss begreifen, dass er auch ein Bündnis mit der Linken braucht, um Gerechtigkeit gegenüber den Konzernen herzustellen. Leider sind wohl beide Seiten noch nicht so weit.

Übrigens mussten Spitzenverdienende schon unter Helmut Kohl 53 Prozent Steuern zahlen. Ebenso mussten Vermögende Vermögenssteuern berappen. Und Kohl war kein Linksextremist. Solange die FDP dies nicht fordert, ist sie keine Partei der Mitte.

Als Gerhard Schröder die Wahl verlor und Angela Merkel Bundeskanzlerin wurde, kam eine Große Koalition an die Macht, die logischerweise jene unsoziale Politik aus der Zeit von SPD und Grünen nicht korrigierte. Das beförderte die Verdrossenheit über das politische Establishment. Die Union hatte ihren Willen zu einer zweiprozentigen Erhöhung der Mehrwertsteuer plakatiert, während die SPD für eine »Steigerung« von null Prozent plädierte. Der Kompromiss zwischen zwei und null Prozent lautete dann in der Großen Koalition – drei Prozent. Und mit solchen Praktiken will man Menschen gewinnen?

Dass die Abneigung gegenüber den etablierten Parteien bei vielen Menschen zugenommen hat, liegt auch daran, dass von den Regierenden die wirklichen Beweggründe für politische Entscheidungen in aller Regel nicht beim Namen genannt werden. Dass mehrere Parteien gemeinsam an der Macht sind, ändert ja überhaupt nichts daran, dass sie weiterhin sehr unterschiedliche Wünsche und Bedürfnisse haben. Man verständigt sich also, um regieren zu können, auf Kompromisse. Öffentlich aber wird dann nicht mehr über jenes gesamte Widerspruchsfeld gesprochen, das dem jeweiligen Kompromiss vorausging – und das doch trotz der befristeten Einigung bestehen bleibt. Nach außen hin wird der Kompromiss »gehandelt« wie eine gemeinsame Idee, die man schon immer hatte – in der Hoffnung, eine Mehrheit akzeptiere das. Man kann aus Erfahrung davon ausgehen, dass die zugrunde liegenden Widersprüche irgendwann ausbrechen. Dann wird in der Regel rhetorisch ausgewichen, beschwichtigt und glattgebügelt.

Auch ist den Wählerinnen und Wählern bewusst: dass Argumente nicht benutzt werden, weil man von ihnen überzeugt ist, sondern um Lobbyismus zu betreiben. Man sucht Begründungen, die die Mehrheit überzeugen könnten, verschweigt aber die wahren Motive für Entscheidungen. Für Begründungen etwa, kein generelles Tempolimit auf deutschen Autobahnen einzuführen, wird sich elendig gewunden. Ich möchte den Verkehrsminister erleben, der vor die Fernsehkameras tritt und gesteht: Er habe lange Gespräche mit den Chefs der deutschen Autoindustrie geführt, die aber hätten ihn aus ihren betriebsegoistischen Gründen heraus so sehr bedrängt, dass er einem Tempolimit wirklich nicht zustimmen könne – es sei ja bekannt, wie stark der Markt die Politik im Griff habe. Das ist ein furchtbarer Zustand, ein Geständnis aber wäre wenigstens ehrlich.

Wie wäre es mit folgendem Kompromiss? Es wird eine generelle Geschwindigkeitsbegrenzung für Autobahnen beschlossen, aber an ausgewählten Stellen (etwa dem Nürburgring) dürfen einzelne Personen ab einem bestimmten Alter, ohne Beifahrerinnen und Beifahrer, ihre Lust aufs Rasen ausleben und so schnell fahren, wie sie wollen. Gestartet werden darf in festgelegten Abständen. Immer steht ein Rettungswagen bereit. Muss er eingesetzt werden, wird die Raserei an diesem Tag abgebrochen. Die Industrie könnte damit leben, die Raser auch. Und sie würden nur noch sich selbst gefährden, nicht andere.

Die Bevölkerung spürt mehr und mehr, dass Politik etwas »verkauft«, indem man die Leute für zumindest naiv hält. Die Reaktion des Wahlvolks ist folgerichtig dessen Abkehr von den Etablierten. Verkauf ist kein guter Ausgangspunkt für eine glaubwürdige Politik. Wähler und Wählerinnen sind keine Kunden.

Gerhard Schröder kündigte 1998 als künftiger Regierungschef an, in Jugoslawien militärisch vorzugehen, falls Belgrad bestimmte Bedingungen in Sachen Völker- und Menschenrechte nicht erfülle – auch ohne Beschluss des UN-Sicherheitsrates, also völkerrechtswidrig. Bald brannte es an Europas Grenzen. Was sich auf

Verkauf ist kein guter Ausgangspunkt für eine glaubwürdige Politik.

unserem Kontinent nach 1989 als hoffnungsvolle historische Wende vollzogen hatte und großenteils mit friedlicher Aktion und Gewaltlosigkeit verbunden war, geriet nun, in Jugoslawien, zur jähen Wendung nach dem bitteren, alten Muster: Bomben und Tod.

Der Westen, wie so häufig, schwankte und lavierte. Er schien geradezu darauf geeicht, fortwährend falsche Entscheidungen zu treffen und unter der Flagge des Friedens Eskalation zu betreiben. »Kollateralschäden« nannte der damalige SPD-Verteidigungsminister Rudolf Scharping die zivilen Opfer. Es hatte keinen Angriff von Jugoslawien gegen andere Staaten gegeben. Es existierte kein Beschluss des Sicherheitsrates der Vereinten Nationen. Schon zu diesem Zeitpunkt erklärte Russlands damaliger Präsident Boris Jelzin, wenn das Völkerrecht bei Jugoslawien verletzt werde, gelte es auch nicht mehr für Russland. Auch der spätere russische Präsident Dmitri Medwedew wies schon auf die Konsequenzen hin, die Russland ziehen werde, wenn einige EU-Staaten den Kosovo als unabhängigen Staat anerkannten, entgegen einem Beschluss des Sicherheitsrates. Eine dieser Konsequenzen war die spätere völkerrechtswidrige Vereinnahmung der Krim durch Russland. Um den Völkerrechtsbruch zu rechtfertigen, griff man mehr und mehr zu moralischen Anschuldigungen. Außenminister Joschka Fischer ging sogar so weit, zu appellieren, im Kosovo müsse ein neues Auschwitz verhindert werden. Eine absurde, zutiefst demagogische und geschmacklose Analogie. Es ist weder von rechts noch von links hinnehmbar, wenn Zustände in der heutigen Welt kurzschlüssig und falsch mit dem Holocaust verglichen werden.

Politische und völkerrechtliche Maßstäbe müssen in der Welt für alle und alles gelten, sonst wird es beliebig. Es ist fatal, einen fortwährenden Argumentationswechsel – je nach aktueller Interessenlage – schon für einen Politikwechsel zu halten. Zu begrüßen ist, dass der aktuelle US-Präsident Joe Biden eigenen

Aussagen zufolge zu Diplomatie und Völkerrecht zurückkehren will.

Was mehr und mehr auf die Tagesordnung rückt, ist ein neues Bündnis für Sicherheit und Zusammenarbeit in Europa – unter Einbeziehung eines veränderten Russlands. Viel gewonnen wäre schon, wenn sich Deutschland nicht an Konflikten beteiligte. Es wäre doch ein gewaltiger Fortschritt gegenüber der derzeitigen Politik, wenn Verantwortung nicht länger als Chiffre für militärischen Einsatz gälte und man die ehrenwerteste Rolle, nämlich die des Vermittlers, zum politischen Ziel einer deutschen Regierungskoalition machte. Das ginge auch mit Deutschland als NATO-Mitglied. Die größte Leistung von Gerhard Schröder bleibt sein Nein zum Irakkrieg. Die US-Regierung war wütend, aber Deutschland hatte ein Nein gewagt – und ging dafür keineswegs unter, wie böse Zungen behauptet hatten.

Der ehemalige Bundesaußenminister Guido Westerwelle von der FDP hat in der deutschen Außenpolitik immerhin das Prinzip der Zurückhaltung eingeführt – was damals zur Stimmenthaltung Deutschlands im Sicherheitsrat der UNO beim Libyenkrieg führte. Er ist zu Angela Merkel gegangen und hat gesagt, er möchte dem nicht zustimmen. Bundeskanzlerin Angela Merkel willigte ein. Das Prinzip ist später wieder aufgegeben worden.

Es geht darum, dass die Außenpolitik wieder vernunftbegabt agiert. Und man muss lernen, eine eigene Auffassung durchzustehen. Man darf zum Beispiel nicht sagen: Bei dem einen Land interessieren mich Verletzungen der Menschenrechte, bei dem anderen nicht. Undemokratische Akte werden in allen Parteien gern nach den Prinzipien des Lagerdenkens bewertet. Auch links. Dagegen stelle ich mich. Der Glaubwürdigkeit wegen.

Immer wieder schleichen sich verräterische Worte in die Sprache der Politik. Muss eine Partei eine Wahlschlappe gestehen, wird gern davon geredet, man habe die eigene Politik nicht erfolgreich »rübergebracht«. Politikerinnen und Politiker erscheinen in solcher Begriffsbildung als Bringende. Als gelte es in der Politik nur, etwas feststehend Richtiges, Gültiges weiterzuleiten. Die einen sind demnach die Sender, die anderen die Empfänger? Rückkopplung ist in einem solchen Verständnis von Politik nicht vorgesehen.

In dem Zusammenhang heißt es auch oft, man müsse die Leute »abholen« oder »mitnehmen«. Das ist der verhängnisvolle Sprachschatz von selbst ernannten Führenden, die ihren Auftrag darin sehen, die eher Unwissenden, Hilflosen gönnerhaft auf die richtige Wegstrecke zu bringen, also auf Kurs. Als sei man Avantgarde, und als gehe man denen, die einen gewählt haben, missionarisch voran. Derartiges Vokabular diskreditiert das Wort von der Volksvertretung; man ist doch keinesfalls auserwählt, sondern eben nur gewählt. Und das auch noch zeitlich begrenzt.

Man ist keinesfalls auserwählt, sondern eben nur gewählt.

Unangenehm am Parteien- und Parlamentsbetrieb ist auch der inzwischen gängig gewordene Handel um Stimmen. Die Anhängerinnen und Anhänger einer bestimmten politischen Richtung innerhalb einer Partei wollen ihre Kandidatin oder ihren Kandidaten auf Wahllisten durchbringen und müssen dafür die Vertreterinnen und Vertreter einer anderen politischen Richtung gewinnen. Diese verlangen im Gegenzug, dass auch ihre Kandidatin beziehungsweise ihr Kandidat berücksichtigt werde. So geht das hinter den Kulissen zerrend und egoistisch hin und her. Schon deshalb bin ich dafür, dass Wählerinnen und Wähler eine sogenannte dritte Stimme bekommen. Wenn sie bei einer Wahl eine Partei angekreuzt haben, sollen sie auf der Liste zusätzlich drei Kreuze machen dürfen und damit die Reihenfolge verändern.

Werden zum Beispiel die Kandidatin mit Listennummer elf und der Kandidat mit Nummer fünfzehn angekreuzt, so müssen auch diese Stimmen später gleichberechtigt mit den Vorplatzierten gezählt werden, und danach erst bildet sich die Reihenfolge derer, die im Parlament sitzen werden. Der Landesparteitag zuvor entschiede also nicht allein darüber, wer nach dem Zweitstimmenanteil in den Bundestag einzöge, sondern die Wählerinnen und Wähler entschieden es mit. Man muss, damit man angekreuzt wird, der Partei nahe sein, aber ebenso der Wählerschaft. Das konterkarierte manche vorherige Absprache nahe der Kungelei.

In all den Jahren meiner politischen Tätigkeit habe ich es nie mit der reinen Lehre gehalten. Demokratie ist Beteiligung. Sich unter keinen Bedingungen mit dem politischen Gegner gemeinzumachen, mag sehr stolz klingen. Es kann aber auch eine verhängnisvolle, unfruchtbare Abkehr von der Realität bedeuten. In Fragen einer Koalition immer nur darauf zu bestehen, die andere Seite müsse sich entschieden ändern, führt zurück in eine sektenhafte Verhärtung. Und die hilft den Menschen nicht, die man politisch und sozial vertritt. Wer erst dann Regierungsverantwortung übernehmen will, wenn die Bedingungen herrschen, die man selbst vorgibt, der betreibt Politik für den Sankt-Nimmerleins-Tag.

Wer nicht kompromissfähig ist, ist nicht demokratiefähig. Wer allerdings zu viele Kompromisse schließt, gibt seinen Charakter auf. Den goldenen Mittelweg zu finden, macht den schwierigen Weg der Kunst aus, Politik zu betreiben.

Ich bin sehr für den Ideenstreit innerhalb einer repräsentativen Demokratie. Interessen dürfen heftig kollidieren. Einen Bundestagsabgeordneten der CDU/CSU-Fraktion, der durch besonders heftige Attacken gegen uns aufgefallen war, habe ich gefragt, ob ihm denn ein Bundestag ohne die Linkspartei lieber wäre. »Und ob!«, antwortete er. »Dann haben Sie«, antwortete ich ihm, »im Gegensatz zu mir das Wesen der Demokratie nicht begriffen.« Denn: Die Unterschiedlichkeit der Interessenvertretung ist das Gütezeichen einer Demokratie. Deshalb bin ich ganz selbstverständlich gegen einen Bundestag ohne Union, weil doch auch konservative Interessen vertreten werden müssen; ich selber tue es ja nicht. Natürlich sollte die Union nach meinem Willen mit weniger Stimmen vertreten sein, aber doch nicht ausscheiden müssen.

Es ist bitter, wenn man akzeptieren muss, dass dieses Recht auf Präsenz und Repräsentanz auch für die AfD gilt. Sie vertritt demokratiefeindliche Interessen, die es kraftvoll und konsequent zu bekämpfen gilt. Aber ihre Existenz in den Parlamenten, durch demokratische Wahlen geschehen, kann und muss uns auch Mahnung sein. Sie führt uns krass vor Augen, wo viele versagt haben, wo wir Unzufriedenheit mit dem Establishment nicht ernst nahmen, wo wir einen unterdrückten und öffentlich nicht ausgesprochenen Hass bereits als überwunden glaubten. Das rächt sich nun. Der Sumpf blüht. Der Schmutz sickert überall hinein. Und er bricht bedrohlich hervor. Es ist übel.

Nie habe ich verstanden, wieso bestimmte Medien die AfD derart hofierten. 2015 und 2016 etwa war diese Partei zwar in Landtagen, aber noch nicht im Bundestag vertreten. Wäre die Linke nicht im Bundestag, würden deren Vertreterinnen und Vertretern vielleicht einmal im Jahr in eine Talkshow eingeladen werden, und das würde noch als großzügig gelten. AfD-Politikerinnen und -Politiker aber tauchten plötzlich *en gros* vor Kameras und Mikrofonen auf. Zudem wurden sie immer nur zur Flüchtlingskrise befragt, als hätten sie als Partei nicht dieselbe inhaltliche Verantwortung auszufüllen wie alle anderen Parteien auch. Die unsozialen steuerpolitischen, sozialpolitischen und rentenpolitischen Vorstellungen dieser Partei kamen deshalb über lange Zeit so gut wie gar nicht zur Sprache. Aufgrund dessen blieb eine gravierende Fehl- und Mangelinformation der Bevölkerung bestehen, deren Folgen bis in die Gegenwart des Bundestages reichen. Nur eine selektive Rhetorik zu betreiben und wegzulassen, was einem nicht in den demagogischen Kram passt, von unzulässiger Vereinfachung mal ganz zu schweigen – das kann man auch Medien nicht durchgehen lassen.

3.
Eine Reinigungskraft
ohne Privatvorsorge?

Frau Merkel, wo ist sie überhaupt?
Ach, da hinten. Sie betreut
ihre Staatssekretäre, das ist auch nötig.

(Bei einer Rede im Bundestag 2010)

Die Arbeitsteilung, die Komplexität der gesellschaftlichen Prozesse und der zunehmende Druck auf soziale Beziehungen sorgen auch dafür, dass sich Identitäten verengen. Lebenswelten kapseln sich gegen andere ab; man lebt vielfach nebeneinander statt miteinander, geschweige denn **Die da oben sind doch weltfremd!** füreinander. Soziale, ethnische, politische, kulturelle Selbstfindungen sorgen für eine gesplitterte, gesplittete Welt. Minderheiten entwickeln kämpferisches Selbstbewusstsein, das dieser Welt guttut. Aber natürlich hat eine hervorgekehrte Abgrenzung gegenüber anderen auch ihre Schattenseiten; sie führt mitunter zu Identitätseifer. Das alles hat Auswirkungen darauf, wie sich Politikerinnen und Politiker in unterschiedlichen Lebenswelten bewegen und ob sie überhaupt noch offen sind für Milieus, die ihnen fremd sind. Besitzen sie eine natürliche Sprache, die sich vor keiner Begegnung scheut? Oder müssen sie mühselig umschalten, schon wenn sie an ein Fließband treten oder eine Suppenküche besuchen? Wie sehr verkrampfen sie, wenn sie ihr gewohntes politisch-soziales »Biotop« verlassen? Man kann sicher sein, dass die Leute das merken. Und schon sind Grenzen gezogen, die das gängige, aus Erfahrung kommende Urteil festigen: Die Politik weiß doch gar nicht mehr, wie die Leute an der sogenannten Basis leben! Die da oben sind doch weltfremd!

CDU-Politiker Friedrich Merz etwa erregte während der Covid19-Pandemie einigen Unmut mit einer Aussage zur Kurzarbeit. Offenbar trieb ihn die Tatsache um, dass viele Deutsche aufgrund der Krise bereits monatelang in Kurzarbeit waren – ein Zustand, der für viele der Arbeitnehmerinnen und Arbeitnehmer schmerzhafte Einbußen bei ihrem Einkommen mit sich brachte, insbesondere in den weniger gut bezahlten Jobs. Bei ihnen dürften Merz' Worte Verwunderung hervorgerufen haben – zumal er angab, sich aus ganz anderen Gründen Sorgen über diese Situation zu machen: »Wir müssen ein bisschen aufpassen, dass wir uns nicht alle daran gewöhnen, dass wir ohne Arbeit leben können«, sagte Merz in einem Interview mit *BILD live* im September 2020. »Wir müssen zurück an die Arbeit.« Als ihm diese Worte in der ARD-Talkshow von Anne Will vorgehalten wurden, fühlte Merz sich missverstanden und gab an, das Zitat sei aus dem Zusammenhang gerissen worden.

Dass Worte von Politikerinnen und Politikern aus dem Zusammenhang gerissen werden, gehört leider zum Berufsrisiko. Es ist allerdings ein Luxusrisiko und nicht vergleichbar mit der bösen Tatsache, dass Kurzarbeit zum Berufsrisiko von Millionen Menschen geworden ist. »Wir alle …« – das suggeriert: Jede und jeder hat so sein Päckchen zu tragen. Zwischen dem Päckchen von Friedrich Merz und dem oft schweren Los von Normal- und Geringverdienenden liegen Welten.

Menschen, Politikerinnen und Politiker eingeschlossen, halten sich regelmäßig selbst für die Basis oder meinen, sie bestens zu kennen. Viele E-Mails, die ich bekomme, enthalten eine Stelle, in der es heißt, dass dies nicht nur die Ansicht der Absenderin oder des Absenders sei, sondern die Meinung der Mehrheit der Bevölkerung. Oder es wird behauptet, viele Menschen würden die Partei wählen, wenn man sich der Position der Schreiberin oder des Schreibers anschlösse. Der Wunsch, eine Mehrheitsmeinung zu vertreten, ist sehr groß, und die Behauptung dieser Ansicht bedarf offenkundig nicht der Spur eines Nachweises.

In einer öffentlichen Runde mit der Bundeskanzlerin klagte eine Reinigungskraft über ihre mageren Renten-, also Altersaussichten. Angela Merkel fragte allen Ernstes, ob sie denn nicht privat vorgesorgt habe. Da kann man doch nur den Kopf schütteln: Wie wird denn noch Realität wahrgenommen! Da wächst doch der Verdacht, Politikerinnen und Politiker begnügten sich mit wenigen, ausgesuchten Wirklichkeitsberührungen, und das war es dann auch schon. Wenn sich die bezahlte Politik ausschließlich außerhalb der sozial konkreten Welt bewegt, muss man sich nicht wundern, dass irgendwann – in Ablehnung des Establishments – jemand von außen gewählt wird, also: irgendein Trump.

Meine Art ist eine andere. Ich möchte vermitteln, ich möchte anschaulich sein, ich möchte verstanden werden. Vor allem möchte ich sehen und verstehen. Wenn ich an einem Mikrofon etwas sage, möchte ich, wie es so schön heißt, meine Stimme erheben, aber nicht über die Menschen hinweg.

Schon wahr: Links ist der Ort des anspruchsvollsten utopischsten Geistes, des wohl kühnsten politischen Programms. Aber nur jene Linke ist auf dem richtigen Weg, die den großen Menschheitstraum nicht gegen die vielen kleinen Träume der Menschen setzt, den großen Frieden nicht gegen die vielen Formen des kleinen, alltäglichen Friedens, den jeder und jede mit der Welt finden und machen und durchhalten muss. Wenn ein Mensch den ganzen Tag an der Kasse im Supermarkt sitzt und abends erschöpft in den Sessel sinkt, so hat man zu verstehen, dass dieser Mensch vielleicht eher zu einer Zeitschrift greift als zu einem dicken Buch.

Politik kommt ohne bedeutungs- **Gewicht wird** schwere Worte nicht aus: Freiheit, Gerech- **herbeigeredet.** tigkeit, Demokratie, Liberalität, Zukunft, Solidarität, Verantwortung, Nachhaltigkeit. Noch das Geringste wird groß ausgeschmückt. Gewicht wird herbeigeredet. Aber mehr und mehr Leute stehen daneben und – so notierte es Bertolt Brecht bei der Arbeit für seine *Heilige Johanna der Schlachthöfe* – vergleichen lieber die Käsepreise. Es ist heilsam, die sehr begrenzte Zeit unserer Existenz immer mitzudenken: Das relativiert, das befördert die Bescheidenheit. Es gibt ein Gedicht von Hans Magnus Enzensberger, das die Differenz zwischen der Pose politischer Aufrufe oder Auftritte und dem Profanen des sogenannten gewöhnlichen Lebens sehr gut trifft. *Über die Schwierigkeiten der Umerziehung* heißt es. Darin enthalten sind die Verse:

>»Einfach vortrefflich
>all diese großen Pläne:
>das Goldene Zeitalter
>das Reich Gottes auf Erden
>das Absterben des Staates.
>Durchaus einleuchtend
>
>Wenn nur die Leute nicht wären!
>Immer und überall stören die Leute.
>Alles bringen sie durcheinander.
>
>Wenn es um die Befreiung der Menschheit geht
>laufen sie zum Friseur.
>Statt begeistert hinter der Vorhut herzutippeln
>sagen sie: Jetzt wär ein Bier gut.
>Statt um die gerechte Sache
>kämpfen sie mit Krampfadern
>und mit Masern.
>Im entscheidenden Augenblick
>suchen sie einen Briefkasten oder ein Bett.
>Kurz bevor das Millennium anbricht
>kochen sie Windeln.

An den Leuten scheitert eben alles.

Mit denen ist kein Staat zu machen.

Ein Sack Flöhe ist nichts dagegen.

Kleinbürgerliches Schwanken!

Konsum-Idioten!

Überreste der Vergangenheit!

Man kann sie doch nicht alle umbringen!

Man kann doch nicht den ganzen Tag auf sie einreden!

Ja wenn die Leute nicht wären

dann sähe die Sache schon anders aus.

Ja wenn die Leute nicht wären

dann gings ruckzuck.

Ja wenn die Leute nicht wären ja dann!

(Dann möchte auch ich hier nicht weiter stören.).«

Man spricht nicht umsonst vom Überzeugungstäter – das Wort hat in der Politik ja wirklich einen unsympathischen Beigeschmack von Wahrheit. Der Begriff verleiht politischer Tätigkeit etwas so Festes, Unerschütterliches, ja Uneinsichtiges. Menschen in der Politik sollten Seismografen sein, die Stimmungen in der Bevölkerung aufnehmen. Im besten Falle sollte es ihnen gelingen, politische Debatten zu organisieren. Debatten, in denen sich die Mündigkeit der Leute ausprobieren, reiben, erweisen oder eben auch blamieren kann. Dafür muss man sich aber hineinbegeben in die Lebenswelten derer, die man erreichen möchte.

Als im Laufe des Jahres 1993 den Kalikumpeln im Eichsfelder Bischofferode im wahrsten Sinne des Wortes der Kampf erklärt wurde (die Kali- und Salzwerke der alten Bundesrepublik wollten die Gruben im Osten geschlossen sehen), begleitete eine starke Welle der Solidarität den Widerstand der Kalikumpel. In jenen Tagen fuhr ich oft nach Bischofferode. Ich sprach auf Protestkundgebungen, unterhielt mich mit den Bergleuten und ihren Familien, feierte sogar Silvester mit den Kalikumpeln. Ich spürte den Sinn meiner Anwesenheit. Politischer Einsatz hatte plötzlich etwas außergewöhnlich Praktisches bekommen; es schien, alles beschriebene Papier, das einem so oft die Tage zustapelt und die freie Sicht nimmt, war weggeblasen worden. Allerdings bedrückte mich zugleich ein Gefühl der Wut darüber, dem schändlichen Treiben gegen die Kumpel nicht wirklich Einhalt gebieten zu können.

Mir fiel auf, dass die Gilde der so überaus Revolutionären aus meiner Partei kaum im Eichsfeld auftauchte. Wenn es statt der Programmpapiere um die praktische Tat geht, fehlen solche Leute gern. Es ist im Übrigen ein großer Unterschied, ob politische Reden aus dem konkreten Erfahrungsfeld, aus unmittelbarer Wahrnehmung der Dinge erwachsen oder aus abstrakten Überlegungen an einem Schreibtisch.

Ich spreche gern vor und mit Armen, auch ganz gut Verdienenden und Reichen, mit Flüchtlingen und Hartz-IV-Empfangenden, Arbeitslosen, Belegschaften, Betriebsräten, Soloselbstständigen, Freiberuflerinnen und Freiberuflern, den Inhaberinnen und Inhabern kleiner und mittelständischer Unternehmen, den Chefs von Konzernen und Banken. Mich interessieren ihre Lebenswelten und ihre Sichtweisen. Denn wenn ich mit ihnen rede, können sie spüren, dass ich die Interessen von unten bis zur starken Mitte vertrete.

Es gibt Linke, die verbeißen sich geradezu ins Kritisieren, ins Abwehren, ins Kämpfen. Sie sind mit Kampf derart beschäftigt, dass ihnen Genuss am Leben nur schwer oder gar nicht mehr gelingt. Was sie auch tun, sie denken militant ans Elend der kapitalistischen Verhältnisse. Ihnen fehlt jede Leichtigkeit, sie haben etwas Bedrückendes. Man hat in ihrer Gegenwart fortwährend ein schlechtes Gewissen.

Mich offen durch die Gesellschaft zu bewegen, ist mir ein Bedürfnis. Ich bin interessiert an der Welt, und zwar an all ihren Facetten. Links bin ich auch aus Lust am Leben. Deshalb mache ich mir, im Verbund mit anderen, Sorgen um den Zustand und den Bestand der Welt. Um die Lust zu verteidigen, mache ich mir Sorgen – nicht aber diese Sorgen sind der Quell meiner Aktivitäten. Es geht immer auch darum, sich von der Freude anstecken zu lassen! Gerade weil ich nicht weiß, wie lang meine Lebensstrecke ist, kann ich jeden Morgen sagen: Schön, mein Gleichgewichtsorgan funktioniert! Meine Augen zeigen mir die Farben! Ich höre die Vögel. Also: nichts selbstverständlich nehmen!

Ich glaube, mich auf allen Seiten des gesellschaftlichen, sozialen Lebens einigermaßen natürlich und unverkrampft bewegen zu können. Mit Genuss nehme ich auf und wahr. Ich genieße es, mich in unterschiedlichen Welten aufzuhalten und den unterschiedlichsten Menschen zu begegnen. Zu meiner Erziehung gehörte eine Atmosphäre, in der das Bürgerliche und das Plebejische gut miteinander harmonierten. Jedenfalls wuchs ich ohne jeden Hochmut auf.

Politisches Reden darf für mein Empfinden – trotz Brechts und Enzensbergers Relativierungspoesie! – durchaus die Utopie in den Blick nehmen. Begriffe stehen für Ziele und Mittel. Sie ziehen Fronten. Sie sind für die einen attraktiv, anderen ein Schrecken. Als Linker komme ich zum Beispiel nicht umhin, vom demokratischen (!) Sozialismus zu sprechen. Allerdings muss ich wissen, dass der Begriff in der politischen Diskussion immer wieder auch zu Missverständnissen führt. Das liegt wohl nicht zuletzt daran, dass sich dieser Terminus im Laufe der Geschichte zunehmend als eine »östliche« Angelegenheit erwies. Im Westen wurden dagegen sozialreformistische Wege beschritten, für die immer seltener das Wort »Sozialismus« verwendet wurde – es sei denn, Neoliberale der hysterischen Art versuchten sich in Polemik und Verdammnis. So kam es zu der Eigentümlichkeit, dass sich im Westen eine Art Rechtfertigungsbedürfnis bei denen einstellte, die etwas Sozialistisches anstrebten. Jedes Bekenntnis war von der raschen, reflexhaften Beteuerung begleitet: »(...) aber natürlich nicht wie in der DDR!«

Als jüngst, im unmittelbaren Vorfeld der Bundestagswahl 2021, ein rot-grün-rotes Bündnis ins Gespräch kam, ritten CDU und CSU den uralten, abgedienten Klepper des Antikommunismus – als stünde bei einer Koalition mit der Linkspartei ein staatssozialistischer Umsturz bevor.

Der mitunter besserwisserische Ton der Linken, auch in ihren Reden, hat durchaus etwas mit dem Ursprung der Bewegung zu tun: der Idee von der Abschaffung unwürdiger Verhältnisse von Ausbeutung und Armut. Mit der frühen Erkenntnis, dass dies ein weltbestimmender und weltsprengender Machtkampf werden würde, kam allerdings die Befeuerung durch Ideologie – deren Folgen wir kennen. Aber natürlich durften sich Linke berechtigt edelmütig fühlen, und so ein Empfinden hat eben Folgen für den Ton, mit dem man sich einmischt und sich Gehör zu verschaffen sucht. Wer sich für den Adel einsetzte, setzte sich für Mächtige ein. Wer sich dann für die Kapitalisten einsetzte, setzte sich ebenfalls für Mächtige ein. Wer aber für die niederen Stände kämpfte, der hatte doch unzweifelhaft die wertvollere Mission! Und so kam zum Kampf für die Gerechtigkeit auch der Kampf mit der Selbstgerechtigkeit.

Mir ist bewusst, dass es viele Menschen gibt, die nie das erleben und sehen können, was mir in meinem Leben vergönnt war und ist. Aber es ist ein Irrtum, zu meinen, dass ein Linker arm sein müsse. Er muss gegen Armut sein. Und zwar nicht nur im eigenen Land – das kann auch ein Rechter –, sondern auf der Welt. Ein Linker kämpft für die Chancengleichheit aller beim Zugang zu Bildung, Ausbildung, Kunst und Kultur. Es gibt Dinge, die der Kapitalismus kann, und es gibt Dinge, die er nicht kann – und nur die müssen bekämpft und abgeschafft werden.

Eines meiner Plakate in einem Bundestagswahlkampf, vor Jahren, trug die Aufforderung:»Reichtum für alle!« Die Irritationen waren auch in den eigenen Reihen **Es ist ein Irrtum, zu meinen, dass ein Linker arm sein müsse.** beträchtlich. Natürlich ging es mir nicht um einen Aspekt aktueller Sozialpolitik. Was ich anzusprechen versuchte, war etwas Grundsätzliches. Es gibt Linke, die drücken alles herunter. Sie erklären nach alter Manier den Palästen den Krieg. Sie wollen in den Zügen die erste Klasse abschaffen, alle sollen zweiter Klasse fahren. Ich denke anders: Ich möchte die zweite Klasse abschaffen – alle sollen erster Klasse fahren können. Gleichheit, freilich ohne Gleichschaltung, und besagter Reichtum für alle. Offen ließ ich doch, welche Art ich meinte: sozialen, kulturellen, geistigen Beziehungsreichtum? Reichtum für alle: Reichtum an Optionen. Und wenn die sehr Reichen nicht so überzögen, wäre ein gewisser, ein angemessener, differenzierter Reichtum für alle möglich.

Dazu fällt mir eine Stelle aus dem Buch *Das Hohe Haus* von Roger Willemsen ein. Ein Jahr lang beobachtete er die Abgeordneten des Bundestages. Einmal notierte er aus einer Rede des FDP-Abgeordneten Martin Lindner den Satz:»Es gibt in Deutschland eine Zunahme an Armutsberichten, aber keine Zunahme an Armut.« Auf dem Bahnhof sieht ihn Willemsen wieder und schreibt über diese Begegnung:»Als ich auf dem Bahnsteig sehe, wie sich ihm die Verkäuferin des Obdachlosenmagazins *Straßenfeger* nähert, ist mir die Situation beinahe schon zu plakativ, aber sie ist wahr, denn ich weiß, was folgen wird: die abwehrende Geste, die sich abwendende Person. Hier wenigstens fielen Reden und Handeln zusammen.«

Sehen möchte ich und verstehen. Im Vorfeld meiner Jugendweihe, ich war vierzehn, besuchten wir eine öffentliche Gerichtsverhandlung in Berlin. Angeklagt war ein junger Mann, schon mehrfach vorbestraft, der einen Älteren auf der Straße zusammengeschlagen und ausgeraubt hatte. Die Staatsanwaltschaft beantragte sechs Jahre Freiheitsstrafe, das Gericht folgte diesem Antrag. Ein ziemlich hartes Urteil, fand ich, und mir fiel auf, dass dem Angeklagten kein Verteidiger zur Seite stand. Das wäre heute angesichts einer so hohen Strafe undenkbar. Zudem erfuhr man in der Verhandlung fast nichts über diesen Täter, das aber hätte mich interessiert: die sozialen Hintergründe, die seelischen Abgründe – wieso er also etwas tat, was die meisten nicht tun würden.

Dieses Erlebnis hat sich mir eingeprägt. Es hat mich gelehrt, wie man bei uns über Menschen redet und dann politische (wie juristische) Entscheidungen über sie fällt. Bis heute interessiert mich dieses hintergründige Interpretationsfeld, das sich sehr vordergründig in unserem gesellschaftlichen Miteinander ausdrückt: Wie hält man eine gesunde Distanz zu anderen Haltungen, wie zeigt man die nötige Abwehr gegen andere Handlungen – und zwar in Ausdrucksformen, die würdig bleiben? Es gibt ein einfaches Rezept dafür: Man muss sich für andere Menschen und ihre Probleme wirklich interessieren.

Allerdings ist man nie gefeit gegen Selbsttäuschungen, auch was die eigene Wirkung betrifft. Eine einzige Episode genügte, mich auch diesbezüglich zu belehren.

Mit dem Schriftsteller und Linken-Bundestagsabgeordneten Gerhard Zwerenz saß ich Mitte der Neunzigerjahre bei einem gemeinsamen Abendessen in Bonn. Unerwartet trat ein CDU-Abgeordneter an unseren Tisch und fragte, ob er kurz stören dürfe. Wir empfanden das tatsächlich als Störung unseres Gesprächs, blieben aber höflich. Der CDU-Parlamentarier setzte sich zu uns und fragte mich, ob ich als Kind Folgendes erlebt hätte: Ich stehe mit meiner Schulklasse auf einem Bahnsteig, und mit einem Male taucht mein Vater auf. Er will nicht etwa in einen anderen Zug steigen, er ist kein Fahrgast, nein: Mein Vater sei der Mann, der vor den Augen meiner Schulkameraden den Bahnsteig fegt. Kein spontan erteilter Auftrag sei das, nein, sondern seine reguläre Erwerbsarbeit: Tag für Tag den Bahnhof zu fegen.

Nein, sagte ich etwas verwundert, so etwas hätte ich nie erlebt. Er aber habe dieses Kindheitserlebnis gehabt, erwiderte er, stand auf und ging.

Dieses kurze, kühle Gespräch hat mich bewegt. Der CDU-Politiker wollte mir demonstrieren, dass er sozial von unten auf seinen Weg gegangen sei, im Gegensatz zu mir. Dass er wisse, was Armut bedeute, im Gegensatz zu mir. Da reagierte sich ein Minderwertigkeitskomplex ab, den offenkundig ich ausgelöst hatte, ohne es zu wollen und ohne es zu ahnen.

Das erzähle ich, weil es mit jenem (scheinbaren) intellektuellen Hochmut zu tun hat, der einem schnell vorgeworfen wird, weil man sich gegen Leute und Methoden zur Wehr setzt, von denen nicht Autorität ausgeht, sondern Bevormundung. Was der CDU-Abgeordnete mir gegenüber ausdrückte, war mir auch in der DDR regelmäßig widerfahren: Obwohl ich weder arrogant noch verschwenderisch auftrat, muss ich – auch durch meine Art, zu reden – auf einige Leute herausgehoben, fremd, ja privilegiert gewirkt haben.

In der DDR hatte ich gelernt, damit umzugehen. Wer mich auch nur ein wenig näher kennenlernte, widerrief normalerweise sein Vorurteil. Nun traf ich im Bundestag, wo ich überhaupt nicht damit gerechnet hatte, auf denselben Reflex. Nie wäre ich darauf gekommen, dass Abgeordnete aus den alten Bundesländern sich mir gegenüber so unterlegen fühlen könnten. Westdeutsche waren es doch, gegen deren aufgetragene Souveränität, gegen deren herausgekehrte Überlegenheitskultur Ostdeutsche sich oft genug wehren und behaupten mussten. Ich war leider nicht darauf gekommen, hatte mich aber geärgert, denn in Kenntnis hätte ich mich anders verhalten. Klischees beim Bewerten menschlicher Verhaltensweisen führen uns eben doch regelmäßig in die Irre.

Allerdings frage ich mich: Wäre ich damals, zu Beginn meiner Bundestagszeit, wirklich zu Zurückhaltung, zu Vorsicht, zu Differenzierung, zu größerem Verständnis in der Lage gewesen – in jener gespannten, mitunter feindlichen politischen Atmosphäre, die mich unablässig zu Stärkebeweisen zwang? Wer weiß.

Auch heute registriere ich im Bundestag mitunter diese Reflexe, die alles erlauben, nur nicht Schwäche, Zögerlichkeit, Unentschiedenheit, Fragezeichen. Die propagierte und wünschenswerte Offenheit der Gesellschaft sorgt auch dafür, dass ungehemmter beleidigt und unverschämter diskreditiert wird. Erleidet eine Kandidatin oder ein Kandidat eine Wahlniederlage, wird danach noch übel nachgetreten, siehe das Verhalten in der CDU/CSU gegenüber ihrem eigenen Kanzlerkandidaten Armin Laschet vor und nach der Bundestagswahl 2021. Zu wünschen wäre, dass die politische Sprache nicht ab und zu, sondern als Grundeinstellung ein Kulturniveau besäße, in dem Klage oder Beschwerde wahrlich »erhoben« würden, statt nur zu erniedrigen. Oft wird nur Wut gezeigt. Nicht lauter im ethischen Sinne, sondern einfach nur laut, um zu verletzen.

4.
Opposition und ein Bild im Sand

Ich fand das Plakat der CSU
»Wer betrügt, der fliegt!« gut.
Ich weiß nur nicht, wo wir mit der
ganzen Bundesregierung hinsollen.

(Beim Politischen Aschermittwoch 2015)

Dieses Buch schreibe ich aus langjähriger Opposition heraus. Eine ausdauernde Gegenseite zu sein, ist auch anstrengend. Sinn und Nutzen dieser Rolle bestehen darin, herrschender Politik immer wieder die Relativität ihrer Gewissheiten vor Augen zu führen. Linke Opposition weiß: Die Idee von der sozialen Gerechtigkeit hat einen langen Kampf hinter sich. Ein Sieg weltweit ist noch immer ein Traum. Aber dieser Kampf hat doch Konfliktkulturen hervorgebracht, die es ohne diese Idee nicht gegeben hätte. Sie sind Kulturen der Gegenwehr, die mit dazu beitragen, eine Demokratie offen und in Bewegung zu halten.

Die Demokratie als etwas Unfertiges zu betrachten, sagt sich leicht dahin. Man muss die (bleibende!) Unruhe auch ertragen wollen, die sich auf allen Seiten daraus ergibt. Wählerinnen und Wähler geben ihre Stimme, damit durch Politik jener Unfertigkeit, Unsicherheit, Unwägbarkeit ein wenig verlässlicher begegnet werde, die das Gesellschaftliche und Soziale durchzieht – morgen besser als heute. Wie gut das gelingt oder misslingt, ist eine Frage, die alle Parteien betrifft.

Eine Hartz-IV-Empfängerin sagte mir, sie habe im Laufe der Jahre CDU gewählt – nichts wurde für sie besser. Dann habe sie SPD gewählt – nichts wurde für sie besser. Schließlich habe sie die Linke gewählt – nichts wurde für sie besser. Es ist schwer, gegen eine solche Erfahrung anzureden, indem man den Wert der Demokratie hervorhebt und ihre Vielstimmigkeit verteidigt. Es ist schwer, bleibt aber nötig. Gerade auch in der Opposition.

Selbstredend weiß ich, dass Opposition nicht gänzlich loszulösen ist vom Gefühl der Ohnmacht. Asta Nielsen, eine Berühmtheit des Stummfilms, verglich Erfolg und Ruhm mit einem Bild, das man mit einem Stock in den Sand am Meeresufer malt, während am Horizont ein Sturm aufzieht; es würde also nicht lange dauern, und das Bild würde verweht. Asta Nielsen meinte, das würde sie nicht vom Malen abhalten, sondern nur dazu antreiben, schneller zu malen. Morgen dann ein neues Bild. Stürme kommen, und ziehen auch wieder vorbei.

In der Politik geht es nicht, wie in Asta Nielsens Gewerbe, um Ruhm. Um Erfolg geht es aber schon. Der misst sich an der Kraft und Geduld, den Zeitgeist zu ändern. Ja, das dauert, und es ist nicht garantiert, aber: Es hat Sinn. Nur so lassen sich Entscheidungen erreichen, die etwas verändern.

Es war die Vorgängerin der Linkspartei, die PDS, die – man kann schon sagen: vor Urzeiten – einen staatlich geregelten Mindestlohn vorschlug. Sogar die Mehrheit der Gewerkschaften war dagegen! Hätte ich damals, inmitten unserer einsamen, vergeblich scheinenden Position prophezeit, dass eines Tages sogar die Unionsparteien solch einen Mindestlohn auf ihre Agenda setzen würden – man hätte mir wahrscheinlich geraten, mich in psychiatrische Behandlung zu begeben. Die Verfasstheit der politischen Elite war damals so festgefahren, dass ich dazu auch bereit gewesen wäre. Und was ist heute? Der Mindestlohn ist inzwischen ein selbstverständlicher Gegenstand der Finanzplanungen der Großen Koalition geworden. Über die Pionierarbeit der Linken für die Lösung eines sozialen Problems aber spricht natürlich nie jemand.

Sei's drum: Die Veränderung des Zeitgeistes, die auch wir mit unserer Politik angestrebt haben, hat es gebracht. Und die Hoffnung in diese Kraft der Politik gebe ich nicht auf.

In meiner Autobiografie *Ein Leben ist zu wenig* habe ich einen Fall geschildert, der im Kleinen deutlich macht, wie es zu Veränderungen im Sozialgefüge kommen kann. In einer Ausstrahlung der TV-Sendung *Hart aber fair* mit Frank Plasberg saßen im Mai 2009 Vertreterinnen und Vertreter aller Fraktionen. Befragt wurde eine Frau, die von Hartz IV leben musste. Eingeblendet wurde ein Bild, das ihre Tochter mit einer Bassgitarre zeigte. Das Mädchen hatte in den Ferien gearbeitet und sich seinen Traum erfüllt, nämlich: sich dieses Instrument zu kaufen. Das Jobcenter hatte daraufhin der Mutter angekündigt, ihr das von der Tochter verdiente Geld vom Hartz-IV-Betrag abzuziehen.

So stand die Frage, die Bassgitarre wieder verkaufen zu müssen. Wenn Politikerinnen und Politiker eine so bittere Erfahrung aus unmittelbarer Nähe sehen, wandelt sich – unabhängig davon, welcher Partei sie angehören – ihr Blick darauf. Plötzlich ist das Problem kein Abstraktum mehr. Natürlich muss Politik einerseits auf diese abstrakte Ebene bestehen, denn Entscheidungen für ein Gemeinwesen tragen notwendigerweise allgemeinen Charakter. Aber dennoch darf nie vergessen und missachtet werden, dass Politik in konkrete Schicksale eingreift und sich ihr Wert und ihr Sinn am einzelnen Menschen entscheidet.

Niemand in der Talkrunde wollte dem Mädchen die Gitarre wieder wegnehmen, und so waren wir alle uns einig, dass hier gehandelt und gesetzliche Vorgaben korrigiert werden müssten.

Am nächsten Tag sorgte ich dafür, dass unsere Fraktion im Bundestag einen entsprechenden Antrag einbrachte. Ich verwies in einer Rede vor der Abstimmung auf die Fernsehsendung und schilderte jene Ergriffenheit, die durch die Vertreterinnen und Vertreter aller Parteien gegangen war. Gleichzeitig drückte ich die Hoffnung auf eine breite Unterstützung unseres Antrags aus. Natürlich, mustergerecht, blieb diese Zustimmung aus. Der Antrag wurde abgelehnt.

Im Januar 2010 fragte Frank Plasberg bei *Hart aber fair* wieder

Vertreterinnen und Vertreter aller Fraktionen (wenngleich andere Personen als bei der Sendung zuvor), ob das im Mai 2009 Gesagte nur Gerede gewesen sei. Dann blendete er den entscheidenden Moment aus der damaligen Sendung ein, unser aller einmütige Forderung nach Gesetzeskorrektur, und dann folgten ein Ausschnitt aus meiner Rede im Bundestag und die negative Abstimmung. Einen entsprechenden Antrag anderer Parteien gab es ebenfalls nicht zu zeigen, denn es war keiner außer unserem gestellt worden. Die Vertreterinnen und Vertreter der Parteien wurden mit sich selbst konfrontiert. Tatsächlich wurde dann im Juni 2010 ein Gesetz beschlossen, wonach das Entgelt für Ferienarbeit von Schülerinnen und Schülern nicht mehr mit der Grundsicherung und Hartz IV verrechnet werden darf.

Kein weltbewegendes Ereignis, aber doch eine jener Veränderungen, die für das Lebensgefühl von Betroffenen von Bedeutung sind. An einer Gitarre, um bei dem Beispiel zu bleiben, kann ein Stück persönliches Glück hängen. Zustande kam das, was ich schilderte, durch das beharrliche Zusammenwirken eines Journalisten mit einem Politiker. Mediengesellschaft einmal anders.

Was mich in den letzten Jahren sehr bewegt hat, waren Fragen Europas. Mit dem Ende des Kalten Krieges, mit den Zusammenbrüchen der Ostblockstaaten, mit dem Fall der Mauer erlebten wir Öffnung in viele Richtungen und in verschiedensten Facetten. Der Kontinent kam politisch in Bewegung, aus dem großen Gegeneinander der betonierten Blöcke wurden Annäherung, Miteinander. Überall Euphorie, Erwartung. Man strebte aufeinander zu. Freie Reisewege schienen ein Ausdruck für das weit Größere zu sein: eine bislang ungekannte, wahrlich bahnbrechende geo- und sozialpolitische Horizonterweiterung. Es war, als funkelte ein Zipfel Utopie einer neuen freien Welt aus der politischen Gegenwart hervor.

Aufgewacht sind wir woanders. Ein geflügeltes Wort sagt:

Beglückend ist nicht die Gesundheit, sondern die Gesundung; schön ist nicht die Freiheit, sondern die Befreiung. Die Fakten sind bekannt, die konfliktreichen Entwicklungen auch: Europa ist ein Kampfplatz geblieben. Ost gegen West, Nord gegen Süd, Arm gegen Reich, Unten gegen Oben. Wenn ich davon spreche, dass mir Fragen Europas sehr am Herzen liegen, so hängt das auch mit einer Pflicht von Oppositionspolitik zusammen: die Fehler der Regierenden klar zu benennen, Fehlentwicklungen zu kritisieren, Korrekturen einzufordern und an der Seite derer zu stehen, die Leidtragende kapitalistischer Zentralisierungsprozesse sind.

Parlamentarismus bedeutet Arbeit an den Schnittstellen von Pragmatik und neuem Bewusstsein. Man muss Realität nehmen, wie sie ist, und doch ein Zeitgefühl für das Mögliche entwickeln, um das bestehende Denken zu erweitern. Es gab in dieser Bundesrepublik eine Zeit, da geschah etwas, das heute geradezu paradox anmutet: Regierungen und Parteispitzen sahen es noch als Ehrenpflicht an, mit

Parlamentarismus bedeutet Arbeit an den Schnittstellen von Pragmatik und neuem Bewusstsein.

ihrer eigenen Arbeit auch eine wirklich schlagkräftige Opposition zu befördern und gleichsam zu erziehen. Im Kampf gegen sie bestätigte und festigte man ja auch das eigene Niveau. Jene war eine Zeit, da man Politik als Kultur bezeichnen konnte, übrigens auch und gerade in rhetorischer Hinsicht.

Dieser gewollte, gezielt kultivierte Kampf der Köpfe und Programme arbeitete sich bevorzugt an demokratischen Werten ab. Worte und die Ideen, die dahinterstecken, wurden in der politischen Arena damals noch ernster genommen als heute. Eines der interessanteren Widerspruchspaare jener Zeit waren die Brüder Hans-Jochen Vogel und Bernhard Vogel: ehemaliger Bundesminister und SPD-Kanzlerkandidat 1983 der eine, zweimaliger Ministerpräsident für die CDU der andere. Als beide längst in die Polit-Rente gegangen waren, veröffentlichten sie 2007 ein gemeinsames Buch mit dem Titel *Deutschland aus der Vogel-Perspektive.* Unter anderem enthielt es drei gemeinsam verfasste Kapitel. Diese seien ein schwieriges Unterfangen gewesen, sagte Hans-Jochen Vogel in einer Talkshow. Doch es sei gelungen, »weil die Kapitel darstellen sollen, dass es in Deutschland unterschiedliche Parteien, aber eine von uns gemeinsam akzeptierte Grundordnung gibt, in der zu leben sich lohnt – etwa das Grundgesetz, um es mit einem Wort zu sagen«. Das gemeinsame Buch sei kein Plädoyer für eine Große Koalition, fügte er an, »es ist aber ein Plädoyer für eine gemeinsame Überzeugung: Es lohnt sich, sich für diesen Staat einzusetzen.«

Im politischen Widerstreit zueinander, aber eben auch im Festhalten an demokratischen Werten und Begrifflichkeiten miteinander, konnten die beiden sich programmatisch aneinander reiben. Das ist das Spielfeld und die Chance von Rhetorik in der Politik. Sie wird unserer Tage zu selten wahrgenommen. Wagt man sich heute auf dieses Feld, muss man leider erkennen: Die politische Rhetorik ist zu einem taktischen Planspiel geworden, dessen Mechanismen verschwiegen sind. Es produziert mehr verborgenen Opportunismus als offene Opposition – und mehr Opfer als Helden.

Opposition bedeutet: Einrede, Widerrede, Abrede, ja oft genug: dunkelgefärbte Prognose. Mit Recht steht die Frage, wie das aufs eigene Gemüt schlägt: immer warnen, immer mahnen. Kein Mensch, auch kein oppositioneller Politiker, ist mit Freuden Schwarzmaler. Ich jedenfalls bin es nicht. Deshalb denke ich mitunter mit Schmerzen an die Bedenken, die ich zum Beispiel vor dem Bundestag äußerte, als vor Jahren die Einführung des Euro bevorstand. Ich versuchte beizeiten zu erklären, dass man eine Binnenwährung und einen Binnenmarkt nicht einführen könne, wenn es keine abgesprochenen Standards bei den Steuern, im Sozialbereich und auf anderen Gebieten gebe. Ohne eine politische Union der Staaten funktioniere keine Währungsunion. Der Kontinent, davon war ich von Beginn an überzeugt, lässt sich über Geld nicht integrieren.

Wenn man mit derartigen Befürchtungen an die Öffentlichkeit tritt, liegt es in der Natur der Sache, dass man die Zuversichtlichen aufstört, die Gutgläubigen nervt und als Spielverderber in einer Sache gilt, die alles andere als nur ein Spiel ist. Aber: Den wachsenden Rassismus, die Finanzkrisen – all das habe ich damals prognostiziert. Keinesfalls bin ich stolz darauf, recht gehabt zu haben. Allerdings ist es bedrückend, wenn man einmal mehr die Erfahrung macht, ein gerüttelt Maß in den Wind geredet zu haben. Ehrlich gesagt, muss man sich mitunter auch selbst zu der notwendigen Rhetorik der Opposition überwinden: schon wieder Nein sagen, schon wieder in die Parade fahren, schon wieder die falschen Versprechungen bloßlegen.

Manchmal staunt man im Nachhinein über das Wissen, das man »damals« an den Tag legen konnte. Aber auch das ist Alltag in der Politik: Man ist ein guter Verwerter von Informationen, also: von geliehenen Klugheiten. Das ist nichts Ehrenrühriges – man darf es nur nicht verdrängen, niemals vergessen. Wir Politikerinnen und Politiker sind umgeben von vielen Mitarbeiterinnen und Mitarbeitern, Helferinnen und Helfern, wir ersticken (gern?!) in Terminfülle, uns flattern dauernd Papiere auf den Tisch, uns wird laufend zugearbeitet. Wir sind Vordergrund, die vielen bleiben Hintergrund. Da muss man höllisch aufpassen, sich nicht für universal zu halten. Das ist ein sehr zweifelhafter Reflex von Politikerinnen und Politikern: Wir reden über sehr viele Dinge und denken mit der Zeit, alles erwüchse uns aus eigenem Geist.

Als Bertolt Brecht in den Fünfzigerjahren des vergangenen Jahrhunderts am Berliner Ensemble sein Stück *Leben des Galilei* inszenierte, spielte der legendäre Ernst Busch die Titelrolle. Aus den Proben wurde kolportiert, Busch habe sich so in die Rolle hineingekniet, er rede schon so, als sei er nicht nur ein großer Schauspieler, sondern auch ein großer Physiker.

Mitunter werde ich gefragt, ob mir die Zornesrede besonders liege, ob also die Widerrede mein eigentliches rhetorisches Feld sei. Natürlich bereitet Opposition auch Freude, und zu Ansprachen an eine Regierung kann auch der Zorn gehören. Was sollte denn sonst Opposition! Aber ich habe kein wütiges Naturell. Lieber sind mir Reden, in denen ich meine Kritik mit Humor und lebensnahen Beispielen untermauern kann. Meine Erfahrungen besagen, dass ich politische Widersacher damit in viel größere Schwierigkeiten bringe, als wenn ich aufbrause.

Ich versuche zu treffen, ohne persönlich zu beleidigen. Die Ebene der Begrifflichkeiten ist dafür in vielen Fällen das richtige Spielfeld, denn hier lässt sich auf sachliche Weise Verbindlichkeit herstellen – und auch einfordern. Im Dezember 2010 sprach der damalige Bundesumweltminister Norbert Röttgen über ein neues Gesetz im Zusammenhang mit der Verlängerung der Laufzeit von Atomkraftwerken (AKW) von einer Revolution für die gesamte Energiewirtschaft. Das Gesetz wurde natürlich auch beschlossen. Im Frühjahr 2011 geschah dann die Katastrophe von Fukushima, bei der es nach einem Erdbeben zur Kernschmelze in drei Reaktorblöcken und in deren Folge zur Freisetzung großer Mengen von radioaktivem Material kam. Bundeskanzlerin Angela Merkel zeigte sich angesichts der dramatischen Schäden entschlossen wie selten: Die AKW seien nun zu schließen.

Im Juni 2011 sprach Röttgen erneut im Bundestag und nannte diesen Schritt eine Revolution. In meiner Erwiderung verwies ich darauf, dass er vor Monaten die Verlängerung der AKW als Revolution bezeichnet habe – und nun deren Schließung? Offen-

Ich versuche zu treffen, ohne persönlich zu beleidigen.

bar sei in der Union noch unbekannt, was eine Revolution und was eine Konterrevolution sei. Ausnahmsweise bekam ich viel Beifall von den Grünen.

Seit die AfD im Parlament sitzt, ist Sprache verpflichtet, in Abwehr dieser Partei schärfer und mitunter auch grober zu reagieren. Ich versuche, die Personen dieser Partei und deren niedere Geistesart, wo immer es möglich ist, zu negieren. Nicht selten berufen sich Parteien wie die AfD als Minderheit auf die Demokratie – obwohl sie diese, kämen sie an die Macht, abschafften. Bei Talkshows im Fernsehen fiel mir auf, dass AfD-Leute bevorzugt neben Gästen von der Linkspartei platziert werden. Ein billiger Versuch, zwischen links und rechts das Gleichheitszeichen des Extremen zu setzen.

Oft hört man aus rechter Richtung, man könne heute nicht mehr alles sagen; die Meinungsfreiheit werde sofort eingeschränkt, wenn eine Ansicht das Terrain der sogenannten politischen Korrektheit verlasse. Die Sache ist doch weit einfacher: Wo das Völkische, das Rassistische, das Antisemitische, das Menschenverachtende unverblümt hervorbricht und mit der AfD sogar ins Parlament einzog, dort hat auch die scharfe, eindeutige Entgegnung ihren Platz und ihre Pflicht. Auf Pegida-Veranstaltungen wird alles gesagt. Was diese Leute stört, ist die Gegenrede, die aber Bestandteil der Meinungsfreiheit bleibt.

Man muss das Dumme auch dumm nennen, das Gefährliche gefährlich und das Böse böse. Man muss es benennen, weil man sonst schon aufgegeben hat. Gerade wenn ich an Deutschland denke, fällt mir natürlich auch horrender gesprochener Blödsinn ein, etwa vom Frak- **Man muss das Dumme auch dumm nennen.** tionsvorsitzenden der AfD im Bundestag. Er stellte sich doch tatsächlich hin und sagte, die AfD hole sich jetzt ihr deutsches Volk zurück. Er hat von Eigentumsrecht keine Ahnung. Dieses Volk gehört nicht ihm, nicht mir – keinem. Es gehört sich selbst. Ständig zu behaupten, für das gesamte Volk zu sprechen, ist mehr als anmaßend.

Es gibt im eigentlichen Sinne keine Einschränkung der Meinungsfreiheit. Ich fürchte in Europa etwas ganz anderes: Wenn man einen hohen Prozentsatz der Bevölkerung, bei entsprechend überzeugender Argumentation, von der notwendigen Einschränkung von Grundrechten zu überzeugen vermag (die Pandemie-Erfahrung bestätigt das), so könnten Leute vom Schlage eines Viktor Orbán zur anwachsenden Gefahr werden. Das gilt auch für Deutschland. Demagogiebegabte Denkfabrikateure liefern ihnen in weltentscheidenden, weltbedrohenden Fragen Argumentationsmuster zu, und erneut könnten Massen stillhalten, weil Disziplin und Ruhe zur ersten staatsbürgerlichen Pflicht erklärt werden ...

5.
Über den Müggelsee laufen?

Synchronsprecher war ich schon als Kind.
Könnte ich bestimmt auch im Alter.
Wenn ich synchronisieren würde,
müsste es natürlich ein Schauspieler sein,
bei dem die Frauen dahinschmelzen.
Robert Redford wäre nicht schlecht.
Aber ich fürchte,
die guten Rollen sind alle schon vergeben.

(In einem Interview mit der Zeitschrift Gala im Juni 2015)

Martin Sonneborn von der Partei DIE PARTEI hat mal gesagt, im Grunde sei ich ein Satiriker: »Du hast dir 1989 die SED zur Heimat gewählt. Auch noch als Vorsitzender! Bist sozusagen aufs Dach geklettert und hast die Fahne geschwungen. Hast dir ausgerechnet ein Haus zur Heimat gewählt, aus dem unten gerade alle rausrennen, weil's abbrennt.«

Ehrlich gesagt: Ich würde meine Entscheidung von Mitte Dezember 1989, als ich Vorsitzender der SED wurde, mit großer Wahrscheinlichkeit heute wohl nicht wiederholen. Wenn ich mir mit Abstand vor Augen führe, was ich mir damals antat und was mir daraufhin andere antaten: unbegreiflich. Ich muss verrückt gewesen sein. Da befindet sich eine Partei wenige Zentimeter vorm gähnenden Abgrund, und ich stelle mich an die Spitze. Das kann nur ein Narr gewesen sein. Mitunter hatte ich das Gefühl: Das bin nicht ich, nein, ich stehe neben mir und schaue einem Fremden zu. Einem, der glaubte, von etwas Unwirklichem getragen zu werden, während der Schritt in den besagten Abgrund fast schon vollzogen war. Der Absturz fiel aber aus.

Mein Schritt in die Politik hatte mit meinem Beruf zu tun. Zum Rechtsanwalt kommen nur Menschen mit Problemen, unglückliche Menschen. An sie hatte ich mich also von Berufs wegen gewöhnt. Auch eine Partei wird von Menschen gebildet. Und die Partei, der ich bis dahin angehörte, hatte damals mit gewaltigen Problemen zu kämpfen. Also interessierte sie mich. Das ist eine – vielleicht etwas vage – Kennzeichnung meines Wesens, aber: eine Erklärung für jene eigenartige Entscheidung damals.

Letztlich dachte ich gar nicht in den Kategorien einer politischen Laufbahn, als ich mich bereit erklärte, für den Parteivorsitz zu kandidieren. Ich sah mich gar nicht so weit entfernt von meiner angestammten Tätigkeit – genau im Sinne dessen, was mein Freund Michael Schumann nach dem ersten Jahr meiner Parteiarbeit zu mir sagte: Ich verhielte mich nicht wie ein Vorsitzender, sondern wie ein Anwalt der Partei.

Unglaublich, das Ganze – wie der Witz, den es damals über mich gab. 1990 stand ich am Berliner Müggelsee, und Jesus Christus kam zu mir. Er fragte mich, ob er mir irgendwie helfen könne, weil mir so viele Menschen nicht glaubten. Ich bat ihn, ein Wunder begehen zu dürfen. Er erklärte mir, dass ich über den Müggelsee laufen könne, was tatsächlich geschah. Die Berlinerinnen und Berliner, die neugierig bis distanziert rundum standen, sagten nur: »Kiek mal, schwimmen kann er ooch nich.«

Aber nun hatte ich »Ja« zum Vorsitz gesagt und entdeckte eine preußische Eigenart an mir, die für mein weiteres politisches Auftreten wesentlich wurde: Ich **Ich stehe fester, je mehr** kann stur sein. Ich stehe fester, je mehr **man an mir rüttelt.** man an mir rüttelt. Und man rüttelte nicht nur, man spuckte, beleidigte, trat. Da ich mich netter fand, als das zunächst böse, öffentliche Bild mich zeichnete, arbeitete ich mit einem gewissen Selbstbewusstsein an der Korrektur. Zu einem Fraktionsvorsitzenden der CDU/CSU habe ich gesagt: »Wenn Sie von Anfang an netter zu mir gewesen wären, dann wären Sie mich schon lange los.« Das hat ihn leider nur unzureichend animiert, sich in seiner Bundestagsfraktion schon früher für einen kulturvolleren Umgang mit mir einzusetzen.

Inzwischen wissen selbst Unions-Abgeordnete, worin unsere politische Leistung als PDS bestand: Die Millionen Partei- und

Staatsfunktionäre der DDR, die der Untergang ihres Staates tief traf und die keine Zukunft und keine Perspektive in der Bundesrepublik Deutschland sahen, mussten ja auch einen Weg in die deutsche Einheit finden. Die anderen Parteien haben sich strikt geweigert, die Interessen dieser Menschen zu vertreten. Es war meine, es war unsere Aufgabe, dies zu tun und dabei gegen alle Angriffe und Verächtlichmachungen und Zurückweisungen durchzuhalten. Und gleichzeitig mussten wir, musste ich von ihnen verlangen, ihre Biografien selbstkritisch aufzuarbeiten.

Im Bundestag hilft Rhetorik als Teil der persönlichen Wirkung. Aber ausgerechnet die Fähigkeit, die einen stützt, kann einem auch das Leben schwer machen. Genau das war es, was ich erfuhr. Psychologisch ist es für ein bürgerliches Parlament niederschmetternd, wenn es den Einzug ausgerechnet derer erleben muss, die man so heftig und ausdauernd bekämpft hat. Die DDR war Geschichte, und unbegreiflicherweise gelangten plötzlich die Nachfolger der SED in den Bundestag! Und dann noch mit einem Typen wie mir an der Spitze, der so ganz und gar nicht dem entsprach, was man sich im Westen landläufig, also feindbildgerecht, unter einem Ost-Funktionär vorstellte. Das reizte. Das nervte. Das machte wütend. Die Angriffe auf mich waren auch Attacken darauf, dass ich dem ideologisch vorproduzierten Klischee nicht entsprach. Je freier ich mich im Betrieb bewegte, desto aggressiver gerieten manche Reaktionen.

Der Hass drückte. Andererseits erinnere ich mich an Kundgebungen, auf denen mich eine Welle der Hoffnung und Erwartung traf, die mich ebenso bedrängte. Denn ich sah mich in der eigenen Partei mit Zielvorstellungen überhäuft, die ich doch nie und nimmer würde erreichen können. In eine Rolle war ich geraten, die mir so gar nicht entsprach, die mir aber schlagartig vor Augen führte, wie das Leben vieler Menschen im Osten aus dem Gleis geworfen worden war. Und nun bestürmten sie mich, setzten ihre Hoffnungen auf mich – sehr belastend. Beides, tiefe

Zuneigung wie unverhohlener Hass, wäre geeignet gewesen, mein inneres Gleichgewicht ins Schlingern zu bringen. Warum dies nicht geschah? Vielleicht, weil ich als Linker tatsächlich Zuversicht vermitteln möchte, aber nicht mit Illusionen handle. Vielleicht, weil sich meine positive Beziehung zu Utopien nicht zu falscher Überschwänglichkeit verleiten lässt. Ich weiß es nicht.

Möglicherweise hat mir manchmal auch die Solidarität von Menschen geholfen, die an anderen bemerkten, wie sie hochmütig auf mich herabblickten oder über mich hinwegsahen. Oskar Lafontaine erzählte mir mal: Als er noch ein führender Sozialdemokrat war, hätten seine Mutter und seine Schwiegermutter immer zu mir gestanden. Denn wenn sie mich im Fernsehen gesehen hätten, sei immer nur zu beobachten gewesen, wie Leute verbal über mich herfielen. Und da sagten beide wie aus einem Munde: »Sie können den Kleinen doch auch mal in Frieden lassen.« Ich habe denen damals leidgetan.

6.
Schlagfertigkeit schlägt nicht

Im Herbst 1989 haben doch viele Menschen
in der DDR gehofft, dass es die
entsetzlichen Appelle in den Ferienlagern
nicht mehr geben würde.
Was sie nicht wussten, war,
dass sie das Ferienlager
gleich mit verlieren.

(In Der Spiegel im Oktober 2015)

Wie sind wir im Laufe der Zeit geworden, was wir sind? Wie stark war und ist der eigene Wille, das Leben zu gestalten? Was haben wir, wenn wir auf unsere Biografie schauen, unserer persönlichen Kraft zu verdanken, was dem Zufall, was dem Glück und was anderen Menschen? Wie stark sind wir selbst- und wie sehr fremdgesteuert? Ein interessantes Wort: fremdgesteuert. Niemand bezieht es gern auf sich; gar zu gern will man doch Chefin oder Chef seiner selbst sein. Aber unsere Herkunft, unsere Sozialisation, unsere erblichen Anlagen prägen uns weit mehr, als wir denken. Manchmal auch mehr, als uns lieb ist.

Schon als Kind fiel mir etwas auf, von dem ich natürlich nicht wusste, dass es mein Leben wesentlich prägen würde. Ich sprach gern und sagte mit Begeisterung Gedichte auf. Ich nahm Wirkung wahr, und die kam nicht so sehr von meiner Leistung, auch sehr lange Balladen rasch auswendig rezitieren zu können. Nein, es war wohl meine sichtbare, hörbare Begeisterung für Betonungen, für Rhythmen innerhalb der Strophen – egal ob Goethe, Schiller oder Brecht. Wobei auch ich einem Aberglauben verfallen war: Leg das Buch mit dem Lernstoff am Abend unters Kopfkissen, dann lernt es sich über Nacht fast von ganz allein. Geraunt, getan. Abends las ich ein Gedicht zwei- bis dreimal, dann kam das Buch unters Kopfkissen, am nächsten Morgen saß der Text. Und tatsächlich: Vergaß ich ausnahmsweise dieses Ritual, konnte ich das Gedicht nicht auswendig hersagen. Ein früher Grundkurs in Sachen psychologischer Einflüsse. Auch die Einbildung gehört gewissermaßen zur Bildung.

In unserer Familie wurde seit jeher gern diskutiert, gestritten, erzählt, ausgemalt und, ja, auch mit Lust nach der Pointe gesucht. Wir waren sozusagen stets in gutem Training. Es war nie langweilig bei uns zu Hause. Meine Eltern arbeiteten in kulturellen Institutionen, man wusste mit Sprache umzugehen. Besonders mein Vater parlierte in kleineren wie in größeren Freundeskreisen. Er war rhetorisch höchst begabt, er gefiel sich im Reden – und dies mit Fug und Recht, denn es gefiel auch anderen. Ihn im Redefluss zu unterbrechen und in dieser Unterbrechung selber zu bestehen, dazu bedurfte es einiger Mühe und also einer Idee. Wenn man sich bei ihm einmischen wollte, musste einem schon etwas einfallen. Er war mir eine wirksame Schule für Zwischenbemerkungen: Ich hörte ihm gern zu, wenn er erzählte, aber ich spürte auch den fröhlichen Ehrgeiz, ihn gelegentlich wirksam, ebenbürtig zu kommentieren.

Mein Vater beherrschte eine Rhetorik, die auch das Bitterste in einen Witz kleidete, der beschämen und herausfordern konnte. So gab er stets drei Gründe an, warum ihn die Nazis verfolgt hatten: Erstens sei er Mitglied der Kommunistischen Partei Deutschlands gewesen, zweitens habe er eine jüdische Mutter, und drittens sei er Brillenträger. Erstaunt wurde dann zurückgefragt, wieso Brillenträger. Seine Gegenfrage: »Und wieso das andere?«

Was mir an Sprachfreude meines Vaters in lebhafter Erinnerung geblieben ist, erzählt auch etwas von den Quellen meines eigenen Drangs nach Einspruch und Widerspruch. Man möchte vorkommen, und zwar nicht zu kurz; man möchte sich bemerkbar machen, will bemerkt werden. Das ist ja, bei allen großen Unterschieden und Unvergleichbarkeiten, genau diese Schnittstelle zwischen dem Anwalt und dem Politiker in mir. Du willst reden, aber nicht bloß überreden, sondern überzeugen. Du willst flüssig wirken, um nicht – im Extremfall – in den Verdacht zu geraten, als Redender überflüssig zu sein.

Natürlich kommt, wenn ich von meinem Elternhaus erzähle, sofort die Frage nach Privilegien. Aber nie war ich im Regierungskrankenhaus, nie in einem Ferienheim des Zentralkomitees der SED. Es gab in unserer Familie nur eine einzige wirklich gnadenvoll zu nennende Besonderheit, die sich aus der verlegerischen, kulturpolitischen Tätigkeit meiner Eltern ergab: Das waren die vielen Bücher und die Gäste, die zu uns nach Hause kamen. Sie waren aus Südafrika, den USA, aus Belgien, Holland, Großbritannien und vor allem aus Frankreich. Dabei blieb es auch nach dem Mauerbau im Jahre 1961. Meine Schwester und ich hörten dieser internationalen Gästeschaft als Kinder und Jugendliche aufmerksam und gespannt zu, wir lernten durch sie, und so wurde in einer für die DDR außergewöhnlichen Weise unser Horizont erweitert. Die Welt, die wir nicht wirklich kennenlernen durften, kam uns so doch nahe.

Unter den Freunden meiner Eltern war ein französischer Unternehmer. Trotz seines Reichtums stand er der Französischen Kommunistischen Partei nahe. Ich war noch ein Kind, aber hatte durchaus schon begriffen, dass es einen gewissen Widerspruch gab zwischen diesem reichen Mann und seiner so prononcierten Solidarität mit einer politischen Kraft, die doch gegen den Reichtum der wenigen kämpfte. Eines Tages fragte ich ihn, was er eigentlich täte, wenn die sozialistische Revolution in Frankreich siegte. Er antwortete: »Oh, das weiß ich genau. Dann gehe ich sofort in die Schweiz – und kämpfe dort weiter.« Die Anekdote erzählt viel über die Gesprächskultur bei uns: ironisch, frei von Verklemmung und ideologischer Militanz. Die Schlagfertigkeit gehörte dazu.

Sehr ähnlich geht es übrigens in einer Anekdote zu, die man über Karl Marx erzählt. Er arbeitete an letzten Korrekturen zum ersten Band von *Das Kapital* und war deshalb einen Monat lang

Gast im Hause des renommierten Arztes Ludwig Kugelmann. Man saß oft bei Tisch, plauderte über viele Themen, über Literatur, Kunst, Musik, nur den Fragen zu seiner Weltanschauung verweigerte sich Marx. Einmal bemerkte Gertrud Kugelmann, die Dame des Hauses: »Lieber Marx, ich kann mir Sie nicht in einer nivellierenden Zeit denken, da Sie durchaus aristokratische Neigungen und Gewohnheiten haben.« – »Ich auch nicht«, antwortete Marx. »Diese Zeiten werden kommen, aber wir müssen dann fort sein.«

Schlagfertigkeit kann von Nutzen sein, ist aber eher Mitgift als eigene Leistung. Grob gesagt: Man hat sie, oder man hat sie nicht. Sie nimmt nicht immer Rücksicht auf den richtigen Ort und die richtige Zeit.

Schlagfertigkeit ist eher Mitgift als eigene Leistung.

Ich denke an die vormilitärische Ausbildung zu Beginn meines Jurastudiums. Am auffälligsten an den militärischen Gefilden ist ja dieser völlige Mangel an Ironie. Ein Höhepunkt der seltsamen Übungen bestand in der Vergatterung zum Wachdienst. Wir liefen mit Gewehrattrappen herum. Der Zugführer brüllte: »Vergatterung!« Aus dem Kreis der Kursanten, wie wir hießen, kam ein »Wie bitte?«. Brüllend fragte er, wer das gewesen sei. Ich meldete mich. »Vortreten!« Gebrüllt, getan. Was diese Frage solle, wollte er wissen. »Sie haben etwas gerufen, von dem ich annahm, dass es etwas Wichtiges war, ich habe es aber nicht verstanden.« Ich sah dem Mann ins Gesicht und wusste: Wenn ich jetzt noch ein einziges Wort sage, schlägt er zu. Ich hielt den Mund.

Eloquent, gar witzig zu sein, ist nun keineswegs die erste Forderung an Menschen in der Politik. Aber besagte Schlagfertigkeit ist durchaus hilfreich, wenn du, etwa im Bundestag, in den politischen Ring steigst. Dem parlamentarischen Auftritt, um jetzt nur bei ihm zu bleiben, sollte man ansehen: Er ist für die Rednerin, den Redner ein Höhepunkt; er ist nicht Gewohnheit, sondern Ereignis. Er möge nicht nur immer abgezirkelt sein, sondern auch überraschend, offen. Also nicht: Du folgst einer turnusmäßigen Notwendigkeit, nein: Du erhältst eine Möglichkeit.

Schlagfertigkeit heißt nicht: Schlag zu und mach die anderen fertig! Es heißt: Schlag vor, schlag Brücken zur möglichen besseren Lage. Es bedeutet, Einigkeit darin zu erzielen, dass wir mit nichts fertig sind, mit vielem sogar noch am Anfang. Schlagabtausch ist eine Friedenskultur, und das Wort »fertig« ist nicht automatisch ein Wort des Fazits. Es kann auch am Beginn stehen. Schließlich heißt es: Auf die Plätze, fertig, los!

Oft war ich eingeladen zu *Talk im Turm* bei SAT.1, moderiert von Erich Böhme. Einmal diskutierten Stefan Aust, damals Chefredakteur beim *Spiegel*, und Helmut Markwort, Begründer des damals noch nicht lange existierenden *Focus*, über Wert und Wirkung ihrer jeweiligen Zeitschriften. Man verbiss sich ineinander, jeder lobte sich selbst. Aust meinte, sein Blatt recherchiere gründlicher. Markwort setzte dagegen, sein Magazin sei viel moderner und reagiere weit schneller auf das Zeitgeschehen. Eine Weile ging das so hin und her. Irgendwann wandte sich Böhme an mich: Herr Gysi, welche Meinung haben Sie? Na ja, sagte ich, Herr Markwort habe schon recht, *Focus* sei tatsächlich moderner. Pause, und dann meine Ergänzung: zumindest, wenn man unter »modern« oberflächlich verstehe ...

Was ich nicht wusste: Die Kamera war auf Markwort gerichtet, und bei meinem ersten Halbsatz, »Markwort hat recht«, nickte er natürlich. Dann kam mein zweiter Halbsatz, »zumindest, wenn man unter ›modern‹ oberflächlich versteht«. Nun zeigte die Kamera, wie er erschrak. Am nächsten Tag stand in der *Welt* der freundlichste Kommentar, den diese Zeitung je über mich geschrieben hat: Herr Markwort, bei Gysi nie zu früh nicken, immer erst noch den Nachsatz abwarten!

Jeder möchte schlagfertig sein, möchte Angriffe parieren,

möchte bestehen in jenem Whirlpool der Medien, der mit Kraft und Kalkül alles durcheinanderwirbelt und politische Akteure unter Strom hält. In der Regel geht es

Bei Gysi nie zu früh nicken.

mir vor Mikrofonen und Kameras wie allen Leuten: Erst hinterher weiß ich meistens, was ich hätte sagen oder entgegnen sollen. Der beste Einfall hinkt regelmäßig nach. Wenn eine Pointe gelingt, ist man mitunter selbst überrascht und weiß nicht in jedem Falle, wie sie zustande kam. Sprache ist Konzept und Eingebung gleichermaßen.

Die frühere Bundesrepublik Deutschland verfügte über sehr unterschiedliche gute Redner. An Herbert Wehner habe ich bewundert, dass er einen Satz mit vierzehn Relativsätzen bilden konnte und dennoch – sichtlich danach suchend – das Schlussverb fand. Brillant! Bei Willy Brandt verführte allein schon diese dunkle, leicht raue Stimme. Helmut Schmidt, ebenfalls ein Politiker der geschliffenen Formulierungen, hatte eine interessante Angewohnheit: Im Bundestag schob er sein Manuskript immer seitlich sowie oben und unten gerade, obwohl es doch keinen Zentimeter schief lag. Eine Fernsehdokumentation zeigte, dass es nahezu zwei Dutzend Abgeordnete gab, die diese Schmidt-Geste bei ihren Reden kopierten. Nachdem Schmidt den Bundestag verlassen hatte, verschwand auch diese Geste. Leben kommt ohne die Mode der Kopien nicht aus. Ab und zu erwischte ich mich dabei, meine Fingerspitzen zur Merkel-Raute zu formen. Die Psyche ist eine spannende Angelegenheit.

Wenn Namen wie Strauß und Wehner fallen, denkt man unweigerlich auch an die Kunst der Beleidigung. Der rhetorische Niederwurf als hohe Kunst? Die Ansichten über die Grenzen des Erlaubten gehen da weit auseinander. Der CSU-Politiker Franz Josef Strauß war für mich eher ein Redner mit Krawall. Beleidigung schien ihm gewissermaßen eingeschrieben zu sein, es war nahezu seine natürliche Ausdrucksform. Meine ist es nicht.

Bei Wehner obsiegte eher ein galliger Witz. Als der CDU-Abgeordnete Jürgen Wohlrabe einmal im Bundestag sprach, erklärte Wehner ihn zum Täuscher, denn er sei ja in Wahrheit kein Wohlrabe, sondern eine »Übelkrähe«. Wirklich witzig, aber Wohlrabe wird anders darüber gedacht haben; den Beinamen wurde er nie wieder los.

Es gibt Situationen im Leben eines Politikers, Phasen auch, in denen es mindestens schwierig ist, ohne Schlagfertigkeit zu bestehen. Schon in der ersten offiziellen Sitzung des Bundestages, an der ich teilnahm und bei der ich sprach, gab es permanent Zwischenrufe, und zwar aus der SPD-Fraktion. Dort verlangte man, ich solle den Sozialdemokraten endlich ihr Eigentum zurückgeben, das die SED in ihrem Besitz habe. Nun hatte ich Egon Bahr bereits, in einer Begegnung unter vier Augen, eine Aufstellung der betreffenden Immobilien übergeben, auf die damit angespielt wurde. Auf seine Bitte hin hatte ich jedoch Stillschweigen bewahrt. Also reagierte ich nicht auf die Einwürfe. Als sie aber nicht aufhörten, hielt ich dagegen, indem ich sagte: Es hätte mir imponiert, wenn die SPD ihre Forderung zu Zeiten ihrer zahlreichen Gespräche mit Erich Honecker erhoben hätte. Das wäre Courage und Charakter gewesen. Es heute zu tun, sei nicht mehr besonders mutig.

Die gesamte CDU/CSU-Fraktion lachte auf. So kam ein Foto zustande, bei dem sich Helmut Kohl, auf seinem Kanzlerstuhl sitzend, vor Vergnügen den Bauch hält, während ich rede. Es muss von Beginn an Abgeordnete gegeben haben, die sich offenbar nur dann gerechtfertigt fühlten, wenn sie mich störten und unterbrachen. Selbst die *taz* schrieb, man hätte mich bei meiner ersten Rede im Bundestag auch mal in Ruhe lassen können.

Im Bundestag musste ich mir am Rednerpult, wenn ich die maßgebende Politik kritisierte, in regelmäßiger Wiederkehr Zwischenrufe anhören. Nachdem Erich Honecker im März 1991 – mit sowjetischer Hilfe – nach Moskau geflohen war, tönte mir aus den ersten Reihen des Parlaments entgegen: Ehe ich mich zur Lage im Lande äußerte, solle ich gefälligst erst mal dafür sorgen, dass Honecker nach Moabit in die Untersuchungshaft überstellt werde. Es nervte und machte mich wütend, und so kam der Moment, da ich diese Anwürfe nicht länger ignorieren wollte. Ich wandte mich direkt an die ersten Reihen des Plenums. Dort saßen sie alle, die hohen Vertreter von SPD, CDU/ CSU, Grünen und FDP, die sich jahrelang beim DDR-Staatschef die Klinke in die Hand gegeben hatten. Ich sagte, ich sei Erich Honecker nie begegnet. »Sie aber, meine Herren, Sie kennen ihn ja persönlich – wie ist er denn eigentlich so?« Wieder Empörung. Dann aber Ruhe. Wenigstens eine gewisse Zeit lang.

Im Grunde zeigt Schlagfertigkeit, dass man ein wesentliches Element des Lebens verinnerlicht hat: Es gibt sehr häufig Situationen, auf die man spontan reagieren muss. Es ist gut, solche Überraschungen nicht nur als Störung geplanter Abläufe zu sehen, sondern sie als Bereicherung zu empfinden. Schlagfertigkeit beginnt damit, dass man in Konflikte aufrecht hineingeht. Ich sehne Konflikte nicht herbei, aber ich ducke mich vor ihnen nicht weg. Wäre meine innere Verfassung eine andere, hätte ich all die Jahre der Opposition bestimmt nicht überstanden. Stets war für Trainingsmöglichkeiten gesorgt: Als die Attacken gegen die Partei zu unserem Alltag gehörten, schickte man mich hinaus. Ich holte mir draußen meine Beulen, und anschließend wurde ich in der Partei gepflegt. Als die Angriffe draußen abnahmen, meinte man drinnen, mir fehle etwas – und nun wurde ich von den eigenen Leuten stärker als vorher gezaust.

> Schlagfertigkeit beginnt damit, dass man in Konflikte aufrecht hineingeht.

7.
Anwalt an Politiker –
Impulse aus der Nische

Ich könnte ja plötzlich sterben.
Dann müsste das auch geregelt werden.
Und auch Bayern München kann
ohne Arjen Robben gewinnen.

(In einem Interview mit der Mitteldeutschen Zeitung über die Personaldebatte um die Führung der Linksfraktion im März 2015)

An meinen Eltern sah ich, welchen Zwängen man in der Politik ausgesetzt sein kann. Besonders das Leben meines Vaters führte mir das vor Augen. Jene Bevormundung durch die SED-Führung, die für die Erhaltung des Selbstwertes immer wieder notwendigen Windungen – das würde ich mir nicht antun wollen.

Mit anderen Worten: Es gab in der DDR viele Gründe, beruflich die Hände von der Politik zu lassen. Vor allem natürlich den Kopf. Einer dieser zahlreichen Gründe war gewiss auch die Sprachpflege.

Rechtsanwalt zu werden, war für mich daher der Weg in eine geschützte Nische. Dieser Beruf galt in der DDR zunächst als spätbürgerliches Relikt; nach Ansicht bestimmter sozialistischer Ideologen würde er gewiss bald aussterben. Es war grundsätzlich nicht gemocht, staatlichen Organen und Leitungen anwaltlich entgegenzutreten. Man leugnete den Kern der Dialektik, die man doch dauernd im Munde führte, man tat in der gesellschaftlichen Betrachtung der Welt ja schon so, als stürbe im Sozialismus demnächst der Widerspruch gänzlich aus. André Brie hat zu diesem Thema zahlreiche Aphorismen geschrieben, etwa: »Die konsensfähige Weltanschauung: Wir schließen die Augen vor den Tatsachen.« Oder: »Die Presse drückt die Wahrheit aus: bis zur Unkenntlichkeit.« Oder: »Die allgemeine und vollständige Abrüstung wird scheitern – an den Schlagworten.«

Abgesehen davon, dass diese Weisheiten auch heute gelten: In der DDR sah man offiziell von oben herab auf den Rechtsanwaltsberuf, oder man betrachtete uns scheel von der Seite. Wir mussten uns gewissermaßen ständig gegen Missachtungen zur Wehr setzen. Grob gesagt: Wenn du vor Gericht rhetorisch nicht deutlich besser warst als der Staatsanwalt, sanken deine Chancen sofort. Es war ein bisschen so, als müsstest du mit deinem Reden zugleich alle Hürden überwinden, die das grundlegende staatliche Unbehagen gegen diesen Beruf aufgetürmt hatte. Selbstredend musste man Niederlagen einstecken, aber mitunter zog sich das durch alle Instanzen. Das war nicht gerade berauschend für das Selbstbewusstsein. Plötzlich hatte man das Empfinden, selbst Ungerechtigkeiten ausgesetzt zu sein. Und das nur, weil der Staatsführung dieser Berufsstand des Rechtsanwalts nicht behagte.

Das änderte sich. Eine neue Generation von Richterinnen und Richtern in der DDR bestand auf größere Eigenständigkeit. Die Rolle der Rechtsanwältinnen und Rechtsanwälte wurde anerkannter, die Medien berichteten bei Gerichtsreportagen auch über uns. Die DDR verrechtlichte sich.

Anwältinnen und Anwälte gibt es, die reden hauptsächlich fürs Publikum. Sie wollen – auch wenn sie verlieren – Wirkung bei der Zuhörerschaft erzielen. Das ist im Grunde eine Marketingstrategie, um neue Mandantinnen oder Mandanten zu gewinnen. Man findet das ja auch in der Politik: Rednerinnen und Redner sonnen sich in der Reaktion der Leute. »Das war aber wirklich höchste Zeit, dass das mal so gesagt wurde«, heißt es dann wunschgemäß. Man fischt nach Bestätigung.

Das Buhlen um Sympathie ist nachzuvollziehen, aber es ist auch Vorsicht dabei geboten. Sich gemeinzumachen mit einer Stimmung, um auf diese Weise zu beeindrucken, ist für mich eine Form des Mitläufertums: Opportunismus, der nach dem Effekt hascht.

Zu meinen Erfahrungen als junger Anwalt gehörte auch die Notwendigkeit, mich gegenüber der Kolleginnen- und Kollegenschaft zu bewähren und durchzusetzen. Jungsein bedeutet Unverbrauchtheit, aber auch Unerfahrenheit, die schnell für Hierarchiespielchen Älterer ausgenutzt wird. Eine Kollegin schlug die alte Zivilprozessordnung auf, las vermeintlich aus einem Paragrafen etwas vor, ohne die betreffende Zahl mitzubenennen, schlug das Buch wieder zu, gab es mir und sagte: »Schauen Sie doch nach.« Auf solche Erniedrigungsversuche muss man etwas Wirksames erwidern können. Ich lernte das mit der Zeit. Irgendwann unterbleiben solche Spitzen – allerdings nur, wenn man denn geübt ist, ein ebenso spitzes Echo zurückzugeben. Eine andere Kollegin meinte nämlich, mich von oben herab belehren zu müssen: Ich hätte doch eben erst das Studium beendet, während sie im Zivilprozessrecht promoviert wäre und also weit besser Bescheid wisse. Nicht schroff, aber doch deutlich erwiderte ich, dass ihre Feststellung in gewisser Hinsicht zutreffend sei. Kurze Pause. »Aber gerade weil mein Studium erst kürzlich beendet wurde, ist mein Wissen noch frischer.« Von nun an unterließ sie alles, was meinen Widerspruch reizen könnte.

Rhetorik vor Gericht – das ist nicht unbedingt etwas, das man direkt übertragen kann auf die Politik. Doch Mechanismen der Auseinandersetzung gehören überall zur rhetorischen Grundausstattung. Wenn ich zum Beispiel die Gegenpartei in der zu verhandelnden Sache zu einem Vergleich bringen will, muss ich auf diese Gegenseite eingehen, muss ihr entgegenkommen. Das kann ich nur, wenn ich

Mechanismen der Auseinandersetzung gehören überall zur rhetorischen Grundausstattung.

weiß, was sie wirklich will. Das bedeutet: Einfühlungsvermögen ist gefragt. Ich muss mich in meinen Widerpart hineinversetzen.

Und dann sind da noch die Richterinnen und Richter. Angenommen, ein Berufsrichter und zwei Schöffen stehen mir gegenüber, muss ich mich entscheiden. Spreche ich hauptsächlich den Berufsrichter an oder die Schöffen? In aller Regel wird man für den Berufsrichter oder die Berufsrichterin sprechen, denn die Vermutung liegt nahe: Überzeuge ich ihn oder sie, überzeugt er oder sie höchstwahrscheinlich auch die Schöffen. Ist er oder sie aber nicht zu gewinnen, erfordert das eine verstärkte Einrede auf die Schöffen – mit der sehr schwachen Hoffnung, dass sie daraufhin dem Richter nicht folgen. Meiner Erfahrung nach kommt das allerdings nur sehr selten vor.

Das Gerichtsverfahren ist also ein Gebilde, das auch auf sprachliche Wirkungen baut. Wirkungen, die aus der optimalen Verknüpfung von Argumentation und Ausdruck entstehen. Vielleicht ist das ein ganz trauriger Umstand, dass man im Zusammenhang von öffentlicher Rede immer über Sprache reden muss, als sei sie eine Verpackung, gewissermaßen ein Verschönerungsverein. Schauspielerei auf einer Bühne folgt klaren Verabredungen: Das Ensemble spricht fremden Text, und das weiß man. Aber das Spiel, die Verwandlung in Figuren, soll das vergessen machen. Als Anwalt vor Gericht jedoch rede ich eigenen Text. Wie in der Politik hat es deshalb fatale Folgen, wenn die Zuhörenden, wenn also jene, die ich anspreche, den Verdacht bekommen, ich sei beim Reden nicht bei mir selber, sondern reproduziere nur etwas Angelerntes.

Im jüngsten Wahlkampf zur Bundestagswahl zum Beispiel beschwerten sich Zuschauer: Dem CDU/CSU-Spitzenkandidaten Armin Laschet habe man bei einem Forum im ZDF einen Knopf im Ohr installiert, über den ihm Antworten souffliert worden seien. Eine klare Verleumdung, wie der Sender klarstellte – aber ein erneuter Impuls für das große Misstrauen, das Reden von Politikerinnen und Politikern inzwischen eingeschrieben ist.

Wer den Schaden hat, braucht für den Spott nicht zu sorgen. Ganz sicher gilt das in der Politik. Damit umzugehen, gehört zum Tagesgeschäft. Bedenklich aber finde ich, was meine Art hoffentlich nie werden möge: Liegt einer am Boden, wird gern noch mal nachgetreten; strauchelt jemand, wird zusätzlich noch das Bein gestellt. Argumentation geht dann nahtlos in Abrechnung über, die rücksichtslos ins Persönliche zielt. Nie habe ich verstanden, und man könnte hierfür einige Kanzlerkandidaten jüngerer Zeiten anführen, wie man sich im Gewirr von Umfragehochs, Selbstberauschung, rhetorischen Fettnäpfen und »Stockfehlern« so hilflos verheddern, sich gewissermaßen frohgemut und in totaler Fehleinschätzung der Lage in die Selbstdemontage stürzen und das weiterhin stur als Höhenflug missdeuten kann.

Zurück zum Anwaltsberuf: Ein spezieller Fall sind die Hohen Gerichte. Dort agieren einzig Berufsrichterinnen und Berufsrichter. Je höher das Gericht, desto größer sind deren Kompetenz und Kenntnisse. Verhandlungen sind ein Gemisch aus Schlauheit und Schärfe. Die Visiere sind offen oder geschlossen. Man tastet einander ab, man greift an, man taktiert, man geht zum Klartext über. Die Auseinandersetzung prägt ein anspruchsvolles Fachvokabular, in dem man sich souverän auskennen muss. Es werden juristische Begriffe benutzt, die eine Mandantin oder einen Mandanten nicht selten überfordern. Das sind Momente, in denen der Mensch, den ich verteidige, das Gefühl haben muss, sein Verteidiger habe sich sehr, sehr weit von ihm entfernt. Es ist gewiss kein gutes Gefühl, wenn man als beschuldigte Person oder als Teil des Publikums nicht mehr versteht, worüber die Rechtsgelehrten da vorn eigentlich sprechen – die aber empfinden es als klug, als angebracht.

Was Menschen nicht verstehen, schürt ihr Misstrauen.

Die juristische Sprache ist reich an Tücken. Mitunter gleicht sie einem in sich geschlossenen System. Scherzhaft sage ich, das ist völlig in Ordnung so, denn: Verstünde jeder Mensch ohne Schwierigkeit, was in den Gesetzen niedergelegt ist, dann bräuchte man ja kaum mehr uns Anwältinnen und Anwälte dafür.

Diese Spezifik einer Fachsprache schließt natürlich die Pflicht der Anwältin oder des Anwalts ein, seinen Mandantinnen und Mandanten im Nachhinein all das zu erklären, was ihnen im Laufe einer Verhandlung möglicherweise nicht verständlich war. Da sind wir wieder beim Thema der Übersetzung: Was Menschen, die man vertritt, nicht verstehen, schürt auch ihr Misstrauen.

Immer wieder wird in Artikeln über meinen Werdegang hervorgehoben, ich sei in der DDR hauptsächlich Anwalt in politischen Prozessen gewesen. Zwar vertrat ich Bürgerrechtler und Systemkritiker, etwa Rudolf Bahro und Robert Havemann, aber das machte nur einen geringen Prozentsatz meiner Mandantschaft aus. Ich vertrat unterschiedlichste Menschen, von Professoren bis zu einer imbezilen Frau; sie war nicht nur debil, sondern in noch höherem Grad geistig gestört. Sich auf unterschiedlichste Menschen einzustellen, ihrem Wesen und ihren Möglichkeiten offen und zugewandt gerecht werden zu wollen, ist eine der lohnendsten Herausforderungen des Anwaltsberufes. Meine politische Tätigkeit hat sehr davon profitiert.

Vor allem in einer Hinsicht hatte die Arbeit als Anwalt einen beträchtlichen Einfluss auf meine Tätigkeit als Politiker: Mir liegt weder die Anklage noch die Verurteilung, was freilich keinesfalls eine Bewertung der damit beschäftigten Berufsstände bedeutet. Es geht mir um unterschiedliche Mentalitäten und charakterliche Strukturen. Als Politiker in der Opposition polemisiere ich, lehne ab, attackiere. Aber so wie ich vor Gericht Hemmungen hätte, jemanden zu verurteilen, in dessen Situation ich nicht gesteckt habe, so führt mir auch in der Politik – so paradox das klingen mag – die Vor-

Am besten ist es, man setzt viele Ausrufezeichen – aber immer mindestens ein Fragezeichen dazu.

sicht das Wort. Man kann Ausrufezeichen setzen und doch Sätze bilden, in denen gewissermaßen auch das Fragezeichen enthalten bleibt. Am besten ist es, man setzt viele Ausrufezeichen – aber immer mindestens ein Fragezeichen dazu. So blicke ich auch ins Leben: Zu vielem kann und muss ich Nein sagen. Mein Gemüt aber ist so gestrickt, dass am Ende immer mindestens ein dem Leben zugewandtes Ja überwiegt.

Mich interessieren andere Meinungen wirklich. Muss man das denn betonen? Wenn wir politisch Agierenden uns selbst gegenüber ehrlich sind: Ja! Wir ziehen unser Programm durch und verhalten uns dabei oft genug parteipolitisch festgezurrt. Wir beherrschen die Reaktionsmuster, die von uns erwartet werden. Die Folge: Die Leute wissen, wie in der öffentlichen Debatte Schwarz auf Rot, Grün auf Gelb antworten. Man kann da alle Farbkonstellationen durchgehen: die Reflexhaftigkeit dieser Schemata wird schnell langweilig. Auch den Politikerinnen und Politikern, scheint es manchmal: Die Fraktionsgröße entscheidet im Parlament auch über Redezeiten. Erfahrungsgemäß sinkt beizeiten der Kampfgeist derer, die über gesicherte Mehrheiten verfügen und fest im Sattel sitzen. Das macht die Reden nicht eben besser. Erst wo Mehrheiten dünn werden, steigt die Spannung beim Pro und Kontra, werden die Töne konturiert, kommt der Auftritt kantiger daher.

Wir denken zu brav! Ich beziehe mich da mit ein, um nicht an der falschen Stelle der Eitelkeit bezichtigt zu werden. Aber im Grunde meines Gemüts, das gestehe ich, bin ich davon überzeugt, nicht so festgefahren, schematisch und motorisch zu reden wie manche und mancher andere – schon aus dem einfachen Motiv heraus, mich selbst nicht als öde zu empfinden.

Gern betreibe ich ein Anwaltsspiel und frage mich: Was würdest du jetzt Schlaues sagen, um diesen Gysi zu widerlegen? Wenn ich mir im Plenum des Bundestages Widerreden von Abgeordneten anderer Parteien anhöre, so denke ich manchmal wirklich: Da wären mir – in Erwiderung meiner selbst – bessere Einwände und Argumente eingefallen.

Der Anwaltsberuf befördert das Verständnis und das Differenzierungsvermögen. Das eindeutige Urteil über eine Sache gewinnt seinen Wert aus vorheriger Betrachtung all der einander widersprechenden Aspekte. Dieser Widerspruchsreichtum hält noch das eindeutigste Urteil in der Schwebe und macht deutlich, dass auch jede Festlegung Teil eines Prozesses ist, in dem doch wahrlich nichts für ewig beschlossen ist: kein Programm, keine Koalition, keine Ordnung und – bis auf grundlegende verfassungsrechtliche Ausnahmen – auch kein Gesetz.

Wie schon angedeutet wurde, hatten in der DDR die Anträge der Staatsanwaltschaft meistens Erfolg. Sie vertrat das Gesetz mitunter so, als müsse es nicht nur gegen Straftaten, sondern auch gegen uns Rechtsanwältinnen und Rechtsanwälte verteidigt werden. Das steigerte meinen Ehrgeiz, meinen Fleiß, natürlich auch meinen Unmut. Dass Berufung für Angeklagte eingelegt wurde, geschah zwar häufig. Gelegentlich gelang eine Berufung sogar. Aber sie konnte durch Beschluss auch als unbegründet zurückgewiesen werden, und dann kam es nicht einmal zu einer Verhandlung.

Allerdings machten die Veränderungen in der DDR mit der Zeit auch um die Rechtsprechung keinen Bogen mehr. Eine Generation von Richterinnen und Richtern wuchs – wie beschrieben – heran, die auf Eigenständigkeit drängte. Sie wollte sich nicht länger damit abspeisen lassen, nur immer der verlängerte Arm der Staatsanwaltschaft zu sein. Diese Vorsitzenden fällten ihre Urteile souveräner. Sie ließen sich immer weniger von staatlichen Vorgaben dirigieren. Dass sie selbstbewusst ihren eigenen Kopf einbrachten, eröffnete auch der Verteidigung neue Möglichkeiten. Wir aus der Anwaltschaft wurden als ernster zu nehmende Partnerinnen und Partner in der Urteilsfindung betrachtet. Der Austausch der Argumente war nun eine offene Angelegenheit, und das zuvor Festgelegte machte so mancher Überraschung Platz. Kurz gesagt: Auch die Rhetorik erlebte mit den Jahren, trotz steigender Leblosigkeit der politischen Ausdrucksformen, einen Aufschwung.

DDR-Gesetze waren im Übrigen leichter lesbar als die Gesetzbücher der westdeutschen Justiz. Aber leider ging die Verständlichkeit mitunter auf Kosten der Genauigkeit. Man achtete mehr darauf, wie etwas gemeint war – nicht aber, wie es formuliert war. Ich galt als spitzfindig, weil ich mir anmerken ließ, wie wenig ich von der mangelnden Fähigkeit des Justizministeriums hielt, Gesetze zu schreiben. Im Strafrecht zum Beispiel wurde (und wird) alles im Singular, also in Einzahl, formuliert: *ein* Betrug, *ein* Diebstahl. Nur beim ohnehin zweifelhaften, schwammigen Tatbestand des Rowdytums wurde in der DDR festgeschrieben: »Wer in einer Gruppe mitwirkt, die aus Missachtung der öffentlichen Ordnung und der Regeln des gesellschaftlichen Zusammenlebens Gewalttätigkeiten, Sachbeschädigungen oder grobe Belästigungen begeht, wird (...) bestraft.«

Ein Mandant von mir gehörte zu einer Gruppe, der solche Vergehen vorgehalten wurden. Zur Verhandlung aber stand lediglich eine einzige Gewalttat, die er begangen und zugegeben hatte. Ich plädierte auf Freispruch. Ungläubiges Staunen des Gerichts. Meinen Antrag begründete ich damit, dass das Gesetz für eine Verurteilung mehrere Gewalttätigkeiten verlangte. Natürlich blieb der strafbare Tatbestand der Körperverletzung, aber ich sah es wahrlich nicht als meine Aufgabe an, dem Gericht einen Hinweis zu geben, welche andere Strafrechtsnorm herangezogen werden könnte. Erwartungsgemäß wurde meine Begründung nicht anerkannt. Man erwiderte mir, der Gesetzgeber meine selbstredend auch den einzelnen Fall, obwohl im Gesetz der Plural stand, also die Mehrzahl.

Der Ungenauigkeit einer Formulierung geht eine Ungenauigkeit im Denken voraus. Es genügt nicht, etwas so oder so zu meinen; man muss es auch präzise ausdrücken können!

Für den schweren Fall des Rowdytums wurden als eine Voraussetzung Vorstrafen mit einer Freiheitsstrafe nach vier Paragrafen benannt, und zwischen ihnen stand das Wort »und«.

> Der Ungenauigkeit einer Formulierung geht eine Ungenauigkeit im Denken voraus.

Also legte ich Berufung ein und erklärte, dass mein Mandant ja nicht nach allen vier Tatbeständen mit Freiheitsstrafe vorbestraft sei, sondern nur nach einem. Der Gesetzgeber hätte mit dem Wort »und« aber eindeutig entschieden, dass er nach allen vier Tatbeständen mit Freiheitsstrafe vorbestraft sein müsse. Auch dies erkannte das Gericht nicht an und meinte, dass ja nur von einer Freiheitsstrafe die Rede sei und es deshalb auch genüge, wenn die Vorstrafe bei einem Tatbestand bestünde. Tatsächlich hat der Gesetzgeber später eine Änderung vorgenommen und das Wort »und« durch das Wort »oder« ersetzt. Mein Einspruch hatte nur diesen »Erfolg«. Auf einem Gang des Gerichtsgebäudes hörte ich, wie einer der Richter einem anderen zuflüsterte: Da kommt er, der Pingel. Der Pingel war ich.

Als Anwalt hat mir übrigens immer imponiert, wie Karl Marx die Pariser Kommune verteidigte, als stünde er als deren Verteidiger direkt im Gerichtssaal und schmettere sein Plädoyer in die Gesichter der Feinde: »Die Kommune, rufen sie aus, will das Eigentum, die Grundlage aller Zivilisation, abschaffen! Jawohl, meine Herren, die Kommune wollte jenes Klasseneigentum abschaffen, das die Arbeit der vielen in den Reichtum der wenigen verwandelt. Sie beabsichtigte die Enteignung der Enteigner. Sie wollte das individuelle Eigentum zu einer Wahrheit machen, indem sie die Produktionsmittel, den Erdboden und das Kapital, jetzt vor allem die Mittel zur Knechtung und Ausbeutung der Arbeit, in bloße Werkzeuge der freien und assoziierten Arbeit verwandelt. – Aber dies ist der Kommunismus, der ›unmögliche‹ Kommunismus!«

Rasant, dynamisch und ein rhetorisches Lehrbeispiel auch die Ansprache des imaginären Arbeiters an den Kapitalisten im Vorwort zu *Das Kapital*: »Die Ware, die ich dir verkauft habe, unterscheidet sich von dem andren Warenpöbel dadurch, daß ihr Gebrauch Wert schafft und größren Wert, als sie selbst kostet (...) Du predigst mir beständig das Evangelium der ›Sparsamkeit‹ und ›Enthaltsamkeit‹. Nun gut! Ich will wie ein vernünftiger, sparsamer Wirt mein einziges Vermögen, die Arbeitskraft, haushalten und mich jeder tollen Verschwendung derselben enthalten. Ich will täglich nur soviel von ihr flüssig machen, in Bewegung, in Arbeit umsetzen, als sich mit ihrer Normaldauer und gesunden Entwicklung verträgt (...) Die Benutzung meiner Arbeitskraft und die Beraubung derselben sind ganz verschiedne Dinge (...) Ich verlange also einen Arbeitstag von normaler Länge, und ich verlange ihn ohne Appell an dein Herz, denn in Geldsachen hört die Gemütlichkeit auf. Du magst ein Musterbürger sein, vielleicht Mitglied des Vereins zur Abschaffung der Tierquälerei und obendrein im Geruch der Heiligkeit stehn, aber dem Ding, das du mir gegenüber repräsentierst, schlägt kein Herz in seiner Brust. Was darin zu pochen scheint, ist mein eigner Herzschlag. Ich verlange den Normalarbeitstag, weil ich den Wert meiner Ware verlange, wie jeder andre Verkäufer.«

Grandios, diese Sprache! Und grandios, wie wahr das geblieben ist! Damals wie heute ist die Rhetorik des Plädoyers die Sprache der Kämpferischen.

8.
Aufklärung heißt:
übersetzen

Vielleicht kann man ja mit 90 Jahren
im Bundestag noch rumdödeln,
ohne dass es einer merkt.
Aber mit 90 kann man kein Dach mehr decken.

(Kritik an der Rente mit 67 im Juni 2014)

Öffentliche politische Sprache hat zu übersetzen. Das bedeutet nicht, Menschen zu unterfordern. Es geht darum, diejenigen, die später dann mit politischen Beschlüssen leben müssen, bereits am Prozess der Entscheidungsfindung zu beteiligen. Das ist ein wichtiger Unterschied zum Populismus. Der Populismus versucht unzulässige Vereinfachungen. Regelmäßig behauptet er, hinter seinen Auffassungen stünde eine Mehrheit der Bevölkerung. Davon meinen die Populisten auch dann schon überzeugt sein zu dürfen, wenn ein Problem erstmals zur Debatte steht – oder wenn gerade gar kein konkretes Problem verhandelt wird. Somit wird letztlich die Deutungshoheit in jeder Debatte in ihren Besitzstand überführt, und nicht nur die. »Wir sind die Deutschen! Und wir wollen es bleiben!«, rief Alexander Gauland bei einer AfD-Kundgebung im Juni 2016 in die überschaubare Zuhörerschaft. Da hat er sich nicht nur politisch verrechnet: Es standen ja nicht 80 Millionen Menschen an diesem Tag vor ihm und jubelten unisono. So viele passen auf den Marktplatz von Elsterwerda auch gar nicht drauf. Doch mit der realistischen Einschätzung von Menschenmengen, das wissen wir spätestens seit der Amtseinführung von Donald Trump, tut sich der eine oder andere Populist offenbar schwer.

Wenn wir etwas für die Leute erreichen wollen, müssen wir sie zuallererst erreichen.

Übersetzen, und zwar sachgemäß, ist eine verantwortungsvolle Tätigkeit. Dazu gehört, überhaupt erst einmal zu erkennen, was es zu übersetzen gilt. Wer in der Politik berufstätig ist wie ich, kann ja zwei Stunden am Tag Zeitungen lesen, kann Bücher durcharbeiten, kann Artikel studieren, kann wichtige (oder wichtigtuerische) Gespräche führen, kann sich in das gesamte Vokabular der anstehenden politischen Themen hineinarbeiten. Wenn ich aber alleinerziehend mit zwei Kindern wäre und acht Stunden am Tag an einem Verkaufsschalter säße, mich dann um meine Kinder zu kümmern hätte und dann vielleicht mal kurz Zeit für die Tagesschau hätte, wäre mein Überblick auch ein anderer. Oft verstünde ich gar nicht, was die Politikerinnen und Politiker in diesen kurzen Sequenzen sagen, und schon gar nicht, was sie meinen. Und wenn es vielen Menschen so geht – dann ist sie vergeben und verschenkt, jene kostbare halbe Minute, die uns im Fernsehen landläufig so gegeben wird. Die Leute müssen erkennen und nachvollziehen können, was wir wollen. Wir sind nicht für uns da. Wenn wir etwas für die Leute erreichen wollen, müssen wir sie zuallererst erreichen.

Wichtig beim Reden ist für mich der Vergleich, das nachvollziehbare Argument, also: die besagte Übersetzung von sperrigem, zum Beispiel statistischem Material in die Lebenspraxis. Ich halte mich gern dort auf, wo es konkret wird. Zum Beispiel: 16,8 Prozent unserer Bevölkerung stammen aus Ostdeutschland, aber in den Spitzenpositionen von Politik, Verwaltung, Wirtschaft, Wissenschaft und Kultur sind die Ostdeutschen nur mit 1,7 Prozent vertreten. Die früheren Versprechen einer gerechten Beteiligung hat die Bundesregierung nie eingehalten. Die gleichwertigen Lebensverhältnisse gibt es nach wie vor nicht, und die innere Einheit ist immer noch nicht verwirklicht. Manchmal hat man den Eindruck, als ob die Mauer noch stünde. Blühende Landschaften? Kohl wurde missverstanden, als er das sagte: Er hat den Menschen aus dem Osten doch nur sagen wollen, was ihnen unter den Gesetzen des Kapitals blüht.

Ein Abgeordneter der CSU hat zu mir gesagt: Aber, Herr Gysi, Sie vergessen, dass die Mieten und Restaurantpreise im Osten günstiger sind als im Westen – deshalb sei es durchaus gerechtfertigt, im Osten geringere Renten und geringere Löhne zu zahlen. Abgesehen davon, dass man nicht zwei Faktoren herausnehmen kann, sondern alle Preise und Kosten heranziehen muss, lautete meine Gegenfrage, ob er bestätigen könne: In der bayerischen Stadt Hof sind im Vergleich zur bayerischen Stadt München die Mieten und Gaststättenpreise wesentlich günstiger. Ob er je gefordert habe, deshalb dort geringere Löhne und Renten zu zahlen, fragte ich weiter. Hatte er natürlich nicht. Und so konstatiere ich einen bemerkenswerten Unterschied: Im Kopf des CSU-Mannes herrscht noch die Spaltung, während bei mir die Einheit vollzogen ist.

Gerhard Schröder und Joschka Fischer betrieben in ihrer rot-grünen Koalition 1998 bis 2002 eine (sogenannte) Steuerreform. Beschlossen wurde auch eine Änderung der Veräußerungserlösgewinnsteuer. Ein Wortungetüm, das allein schon in die Flucht treibt. Vor der Reform galt, dass Kapitalgesellschaften verpflichtet waren, Gewinne aus Veräußerungserlösen in voller Höhe zu versteuern, während Inhaberunternehmen nur den halben Satz zahlten. So war – unübersetzt – die Gesetzeslage, die zur Änderung anstand. Was heißt: Übersetzung? Ich muss ein Bild schaffen, das vereinfachend den Kern so trifft, dass man's versteht.

Als diese Steuer im Bundestag zur Diskussion stand, sagte ich in meinem Redebeitrag, ich wolle die Sache noch einmal so durchgehen, »dass auch einer wie ich sie versteht«. Das klingt bescheiden, ist aber eigentlich die Höchstform der Arroganz, denn natürlich wird man im Saal davon ausgehen, dass ich's sehr wohl verstanden habe. Aber ich muss in der Ansprache bei mir bleiben, um nicht andere zu beleidigen, indem ich ihnen Unverständnis, gar Einfalt oder Begriffsstutzigkeit vorwerfe.

Betont langsam sagte ich: Also, es gehe um Folgendes: Wenn die Deutsche Bank bisher etwas verkaufte, dann erhielt sie dafür einen Kaufpreis – statt Veräußerungserlös sage ich: Kaufpreis. Und auf diesen Kaufpreis musste sie bisher eine Steuer bezahlen. Wenn nun auch der Bäckermeister an der Ecke etwas verkaufte, das besagte Inhaberunternehmen, wurde ihm ebenfalls ein Kaufpreis gezahlt, aber darauf musste er nur einen halben Satz Steuern bezahlen. In Zukunft nun sei es so: Der Bäckermeister müsse das Doppelte bezahlen, die Deutsche Bank jedoch gar nichts mehr. Und das sollte eine sozialdemokratisch-ökologische Reform sein?

Das betrachte ich als Übersetzung. Man versteht das auch außerhalb von thematisch eingeweihten Kreisen.

Eingeweihte Kreise? Man stelle sich vor: Nach meiner Rede im Bundestag rannten SPD-Abgeordnete zum damaligen Fraktionsvorsitzenden Peter Struck und fragten, ob es das sei, was sie in einer halben Stunde beschließen würden. Aufgeregt erkundigten sie sich, ob ich recht hätte. Struck ruderte abwehrend mit den Armen: Alles bereits entschieden, alles bereits entschieden!

Das angeführte Beispiel ist marginal. Und logisch, dass sich auch Abgeordneten beim Begriff »Veräußerungserlösgewinnsteuer« die Gehörgänge schließen. Man schaltet innerlich ab, vertraut den Spezialisten und hebt später die Hand zur Abstimmung. Aber die Sache so abzutun, ist fatal.

Welt beginnt vor der Haustür. Denn nicht nur über irgendeine ferne Steuer wurde da entschieden, sondern – wenn wir an den Bäckermeister denken – über Handwerkerschicksale und über ökonomische Konsequenzen für den Mittelstand und kleinere Betriebe. Wer mit in der Regierung sitzt, Gesetzeskraft ausübt, muss wissen, was beschlossen werden soll. Nach der Rede eines Oppositionspolitikers hatten Abgeordnete plötzlich Fragen, die vorher hätten geklärt sein müssen. Wie nehmen solche Leute ihre Verantwortung wahr?

Was ich als Übersetzung bezeichne, ist eine der wichtigsten Techniken in der Politik. Aber: Es wird immer weniger übersetzt. Die Unermüdlichkeit und Häufigkeit, mit der sich Politikpersonal zum Beispiel in den Medien tummelt, steht in direktem Widerspruch zur Sorgsamkeit, Welterklärung zu versuchen. Klingt gewaltig, vor dem Wort erschrecke ich, kaum dass ich es hingeschrieben habe. Aber auch wenn ich über regionalste Probleme spreche, ist Welterklärung angesagt. Denn die Welt beginnt vor der Haustür. Der DDR-Schauspieler Kurt Böwe hat einmal gesagt: »Alles in uns ist Welt und Provinz, und dort, wo die angeblich große Welt behauptet wird, ist am meisten Provinz.« Das heißt: Überall leben Menschen (Mittelpunkte!), überall regiert der Alltag. Politik hat im Grunde keine größere Aufgabe, als einen freundlichen, friedlichen Alltag organisieren zu helfen.

Sprache sucht nach Prägekraft. Cato der Ältere (95-46 v. Chr.) formulierte ein rhetorisches Grundgesetz, das dafür von entscheidender Wichtigkeit ist: Wiederhole, was dir **Wiederhole, was dir wichtig ist!**
wichtig ist! Jede seiner Reden beendete der römische Staatsmann – jedenfalls der griechischsprachigen Überlieferung des Schriftstellers Plutarch zufolge – mit dem auf die Feinde gemünzten, militaristisch geprägten Satz: »Im Übrigen bin ich dafür, dass Karthago zerstört werden muss!« Die Stereotype ist normalerweise ein Fluch, aber ebenso ein Fanal; sie kann einschläfern, wie sie aufputschen kann. Bertolt Brecht sprach von der Notwendigkeit, immer wieder den Frieden zu beschwören, bis das Wort »Asche im Mund« sei. Geschmacklich keine Avance, rhetorisch aber eine Möglichkeit, Nachdruck zu erreichen.

Ernst Reuters »Schaut auf diese Stadt«, John F. Kennedys »Ich bin ein Berliner«, Willy Brandts »Nun wächst zusammen,

was zusammengehört«, Barack Obamas »Yes, we can«, Angela
Merkels »Wir schaffen das« – das sind nur wenige, willkürliche
Beispiele für den Willen, komplizierte Zu-
Losungen sind sammenhänge und Verhältnisse zu bewirt-
keine Lösungen. schaften und dafür Dinge auch auf einen
aufrüttelnden Punkt zu bringen, also: das
Denken beeinflussen zu wollen, aber dafür Reflexe bedienen zu
müssen, die ansonsten vor allem von der Werbung angespro-
chen werden. Losungen sind keine Lösungen, aber eine Reaktionen auslösende Kraft besitzen sie durchaus.

Im Grunde sind wir da wieder bei der Übersetzung: Verein-
fache, aber sei kein Simpel; lass weg, aber lüge nicht; spitz zu,
aber übertreibe nicht; triff ein Urteil, aber schwing dich nicht
zum Richter auf; ergreif das Wort, aber werde nicht übergriffig.

Mitunter verführt der Wille zur Zuspitzung zu sehr groben
Sätzen. Im August 1990 erklärte der damalige Bundesarbeits-
minister Norbert Blüm in Gdansk: »Karl Marx ist tot, Jesus lebt.«
Schon damals konnte ich über diesen Spruch nur den Kopf
schütteln. Norbert Blüm war damals bei Weitem nicht der Einzige, der das Ende dieser Geschichte gekommen sah. Später
räumte er ein, sich mit dieser Äußerung vertan zu haben. Im
Übrigen hatten Blüm und ich ein gutes Verhältnis zueinander.
Er ist jenseits seiner Ämter ein äußerst kritischer CDU-Politiker
geworden. Ich fühle mich mit ihm allein schon durch einen Witz
verbunden. Wir betreten zu zweit eine Berliner Kneipe, ich rufe
in Richtung Theke: »Zwei Kurze!« Die Antwort des Wirts: »Det
seh ick – und wat woll'n Se trinken?«

Über Marx zu reden, ist nicht nur schlechthin Pflicht eines
Linken. Marx ist einer der bekanntesten Deutschen weltweit. Vor
Jahren suchte das ZDF in einer Art Unterhaltungsshow nach den
»besten« Deutschen. Den »Kandidaten« für diesen Titel wurden
Paten beigesellt – ich durfte der Anwalt für Karl Marx sein. Vor
der Sendung lag er Umfragen zufolge auf Platz zehn. Am Ende

kam er nach Konrad Adenauer und Martin Luther auf den dritten Platz. Über 1,8 Millionen Zuschauerinnen und Zuschauer hatten sich an der wochenlangen Umfrage beteiligt. Gewiss, eine oberflächliche Aktion; eine Struktur, mit der man auch Hitparaden betreibt. Und doch, im bedauerlichen Zeitalter der Nichtlesenden und schnellen, großformatigen Schlagzeilen, war das ein beachtlicher Aufmerksamkeitsschub.

Vor Jahren entwarf der Künstler Ottmar Hörl rote Statuen von Marx, die zu Hunderten auf dem Porta-Nigra-Platz in Marx' Geburtsstadt Trier platziert wurden. Zur Eröffnung stand ich zwischen diesen Figuren, und es hieß, ich sei ja größer als Marx. Ohne Übertreibung – und einigermaßen frei von Eitelkeit – konnte ich erwidern: »Nein, größer als Marx bin ich bestimmt nicht – aber länger als die Hörl-Figur schon.«

Es bleibt die Frage: Warum kann unsere Gesellschaft als Ganzes nicht stolz auf so ein Genie wie Karl Marx sein? Stolz schließt kritische Auseinandersetzung doch keinesfalls aus – im Gegenteil: Erst Größe rechtfertigt Streit. Und sollte von besonderer Relevanz nicht auch sein, dass Karl Marx ein deutscher Jude war? Können wir nicht endlich eine andere Lockerheit, eine andere Offenheit entwickeln? Sind unsere Politik, unsere Wirtschaft und unsere Politikwissenschaft nicht zu ideologisch, zu eng, zu dogmatisch, zu voreingenommen?

In Frankreich zum Beispiel herrscht eine völlig andere politische Kultur. Die Französinnen und Franzosen lieben Jeanne d'Arc und Napoleon. Man kann sich kaum zwei gegensätzlichere Menschen vorstellen. Was fehlt uns zu solcher Leichtigkeit, zu solchem Charme, zu solchem Stil, der unter Gegensätzen nicht nur immer leidet, sondern ganz selbstverständlich mit ihnen lebt? Gewiss, wir sind durch unsere Geschichte belastet, durch die Nazidiktatur und ihre Verbrechen im Zweiten Weltkrieg. Die Spaltung Deutschlands und die unterschiedlichen Entwicklungen in der DDR und in der Bundesrepublik Deutschland taten ihr Übriges. Aber nun sind wir doch vereint und haben uns europäisch normalisiert. Eine Partei links von der SPD im Bundestag wird kaum noch als störend empfunden, sondern ist ein aktiver Faktor im Parteien- und Parlamentsgelände. Und Karl Marx muss auch von seinem Missbrauch im Staatssozialismus befreit werden. Er war ein Freiheitskämpfer.

Karl Marx starb in London und ist dort beerdigt. Auch hier gilt es festzustellen: Noch nie war ein Bundespräsident, ein Bundeskanzler oder eine Bundeskanzlerin an seiner Grabstelle in Highgate, die im Übrigen ein Touristenmagnet ist. Ehrlich gesagt finde ich diese deutsche offizielle Zurückhaltung, ja Pikiertheit peinlich. Rhetorik und Gestensprache bilden einen Zusammenhang. Auch die Linken müssen hierbei Überwindungskraft entwickeln. Sie müssen beispielsweise begreifen, dass es in jeder deutschen Stadt eine Straße geben darf, die nach Otto von Bismarck benannt wird, so wie Konservative endlich – um dabei zu bleiben – jeden Widerstand etwa gegen eine Karl-Marx-Straße aufgeben sollten.

Mehr als unverständlich ist mir auch, dass es keine einzige deutsche Universität gibt, die seinen Namen trägt. Leidenschaftlich befürworte ich eine Initiative, die Universität in Trier nach Karl Marx zu benennen. Als ich zum 200. Geburtstag des großen Denkers in Trier im voll besetzten Auditorium Maximum eine Vorlesung hielt, gestand ich meine sehr eingeschränkte Zuständigkeit, erklärte die Universität aber trotzdem zur Karl-Marx-Universität. Und dann erfreute ich mich an dem, was sonst überhaupt nicht zum Ritus von Studierenden gehört: Standing Ovations. Der zuhörende Präsident sackte auf seinem Sitz merklich zusammen.

9.
Blick auf eine lange Geschichte

Ich komme zum Schluss und
stelle Folgendes fest: Ohne die Linke
herrschte in diesem Bundestag
gähnende Langeweile.

(Bei einem Redebeitrag im Bundestag im September 2013)

Mir ist nicht bekannt, ob bereits zur Zeit der Jäger und Sammler die Rhetorik eine besondere Rolle spielte. Aber rund um die Lagerfeuer der Frühzeit begann wohl, was im Laufe der Zeit zu einer grundlegenden Wahrheit und zum geflügelten Wort wurde: Sagen lassen sich die Leute nichts, erzählen dagegen alles. Geschichten weiterzugeben ist die schönste und wirkungsvollste Form der Pädagogik. Natürlich sollen Volksvertreterinnen und Volksvertreter keine Geschichten erzählen! Allerdings: Durch die Jahrhunderte hindurch wurde die Politik, wo sie sich das Wort nahm, nicht selten zur Märchenstunde – um das unrühmliche, oft verhängnisvolle Geflecht aus Lügen und Manipulation in einen sehr milden Ausdruck zu fassen.

Durch die Jahrhunderte wurde die Politik nicht selten zur Märchenstunde.

Gesicherter Ursprungsort der Rhetorik ist die griechische Antike. Man könnte sagen, sie war die Umsetzung göttlicher Eingaben in menschliche Gebote. Zugleich aber bildete sich mit der Rhetorik auch die Kraft der Vernunft aus. Der Mensch lernte die Energie und politische Einflussfähigkeit des eigenen Bewusstseins kennen und ging daran, beides auszubilden. Er wurde zum stimmgewaltigen Moderator seiner selbst. Die Mündigkeit machte erste Schritte, indem der Mensch den Mund aufmachte und seine Meinung sagte. Er verschaffte sich Gehör, indem er sich Zuhörerschaften organisierte.

Bei den meinungsbildenden Prozessen in Athen spielte die Rhetorik eine herausragende Rolle. Als Aufgabe der Rede galt, die Zuschauerinnen und Zuhörer von einer Aussage zu überzeugen oder zu einer bestimmten Handlung oder Unterlassung zu bewegen. Ein Argument wirkte ja nicht automatisch und per se. Es kam darauf an, in welcher Tonlage es vorgebracht wurde, in welche Gleichnisse es verpackt war, wie einleuchtend man es formulierte. Mit welcher Lust sprach da einer, mit welcher Offenheit oder auch List wurde etwas ausgebreitet oder für etwas geworben? Die Facetten der Herausforderung, Menschen rhetorisch zu packen, sie in den Bann zu schlagen, wurden rasch vielfältiger. Sollte die Rede Frieden stiften oder Unfrieden säen? Sollte sie aufwiegeln oder beruhigen? Logischerweise stellte sich früh heraus, was noch heute gilt: Zu überzeugen ist Arbeit und bedeutet Anstrengung.

Schon bald gab es deshalb auch Rhetoriklehrer. Die Sophisten, wissenschaftliche und geistige Experten der Antike, gehörten im fünften und vierten Jahrhundert vor Christus zu den Ersten, die Rhetorik unterrichteten und dafür gut bezahlt wurden. Der DDR-Philosoph Helmut Seidel schrieb in seinem Buch *Von Thales bis Platon – Vorlesungen zur Geschichte der Philosophie* 1989 über sie: »Auf dem Markt, in der Volksversammlung, vor Gericht, wird die ›Macht des Wortes‹ eine Realität. Wer seine Ware durch geschickte Worte an den Mann bringen kann, ist besser dran als derjenige, der den potentiellen Käufer nicht anzusprechen vermag. Wer in der Volksversammlung durchs Urgesetz der Rede seine Interessen als die der Allgemeinheit darzustellen vermag, wird mehr überzeugen als jener, der zusammenhangloses Zeug stammelt. Vor Gericht ist selbstverständlich derjenige im Vorteil, der sein wirkliches oder vermeintliches Recht mit Argumenten zu verteidigen weiß, als jener, der sich verhaspelt, sich in Widersprüche verstrickt und schon daher den Richtern verdächtig vorkommt. Das Bedürfnis nach Bildung, eine Voraussetzung der Redekunst, entsteht in den konkret-historischen Bedingungen der griechischen Polis und wird von den Sophisten gegen Bezahlung befriedigt. Als Persönlichkeit wird derjenige angesehen, dessen Wort und Stimme etwas gilt.«

In der Zeit vor den Sophisten hatten noch völlig andere Grundsätze geherrscht. Heraklit (um 520–460 v. Chr.) hat sie auf den Punkt gebracht: »Die Einsicht ist die größte Tugend, und Weisheit ist es, Wahres zu reden und gemäß der Natur zu handeln, indem man auf sie hört.« In der vorsophistischen Antike ging es also um die Forderung, sich als Teil eines Ganzen zu begreifen. Das war ein früher Weg zu Demut und Relativierung. Übersetzt sollte Heraklits Forderung wohl heißen: Mensch, übernimm dich nicht, du bist nicht alles!

Der Sophist Protagoras (etwa 490–411 v. Chr.) wurde für einen Kunstgriff bekannt, der einerseits zu den schillernden Momenten der Rhetorik gehört und sich andererseits zwielichtig durch die Geschichte der Redekunst zieht: Er vermochte es, aus einer schwachen Sache eine starke zu machen, indem seine ausgeprägte Redekunst noch die bedenklichsten Dinge in ein anderes, helleres Licht rückte. Er trieb seine Absichten durch Übertreibung voran. Auch das wird vielen sehr bekannt vorkommen. Protagoras suggerierte. Seine Reden lenkten nicht nur, sie lenkten auch ab, geschickt und gekonnt. Er malte leuchtend aus, was andere trüb und düster und hässlich fanden. Diese Art der Rede stieß bei einer Reihe von Philosophen auf Gegenwehr. Sokrates, Platon und Aristoteles kritisierten als Zeitgenossen die Sophistik scharf, denn deren Grundhaltung missfiel ihnen. Das sophistische Parlieren deckte sich nicht mit ihrer Auffassung von Wahrheit und Wahrhaftigkeit.

Allerdings enthielt auch die Kritik an den Sophisten, wie alles Gesagte und Geschriebene, nur die halbe Wahrheit. Das ist das Problem jeder politischen Polemik: Ihre Kraft und Funktion besteht im Gegengewicht, aber Differenzierung und Dialektik erhalten oft erst durch gehörigen Abstand wieder ihre notwendige, zurechtrückende Geltung. Ihre volle Wirkung entfaltet sie erst, wenn das Fieber der Emotionen abgekühlt ist und jene so heftig begründeten politischen Entscheidungen, die doch das Beste bringen sollten und vielleicht auch brachten, ebenfalls ihre Kehrseiten offenbaren.

Georg Wilhelm Friedrich Hegel (1770–1831) war einer der ersten Philosophen, die die Sophisten würdigten. Er entdeckte sie als tiefe Denker und hob besonders jenen schon zitierten Satz von Protagoras hervor, wonach »der Mensch das Maß aller Dinge« sei. Viel später »rehabilitierte« auch der philosophische Utopist Ernst Bloch (1885–1977) die Sophisten. Er verweist in seinen Leipziger Vorlesungen, 1985 als Buch unter dem Titel *Antike Philosophie* erschienen, zwar auch darauf, dass Sokrates und Platon die Sophisten »für geistige Lumpen, frivole Schieber des Intellekts, Schwätzer, Rhetoriker, Gauner ohne jeden Halt« hielten, aber er folgt Hegel. In dem Maße, wie sophistische Lehrer die Kraft und Wirkung der Rhetorik betonten, richtete sich ihr Blick zum ersten Mal auf die Sprache. Das war bedeutsam. Denn so entstand eine Grammatik der Rhetorik: Es wurde beim Reden auf Verben, Substantive und Adjektive geachtet. Der Satz-Bau wurde Kultur wie der Bau eines haltbaren Gebäudes. Die Anatomie des Sprechens und des Schreibens wurde durch die Sophisten zum Thema – ein Paradigmenwechsel in der Redekunst. Bloch hob das besonders hervor und lenkte das Augenmerk auch darauf, dass die Sophisten das formal-logische Denken gefördert haben.

Die Sophisten nur zu rügen, war also falsch gewesen. Sie ermöglichten aufklärerische Gedanken und riefen geradezu dazu auf, bisherige Religions-, Moral-, Staats- und Rechtsauffassungen infrage zu stellen. Sie bekräftigten das Recht des Menschen, die Vorgaben anderer Menschen infrage zu stellen. Das war der durchaus rebellische Kern der Sophistik.

Mit Leidenschaft suchten die Sophisten nach Problemen, die scheinbar oder tatsächlich nicht lösbar waren. Ernst Bloch zitierte in seinen Leipziger Vorlesungen (*Antike Philosophie*) folgende Geschichte: »Ein Mann aus Kreta sagte: Alle Kreter sind Lügner. Da er selbst ein Kreter ist, hat er also gelogen, als er sagte, alle Kreter seien Lügner; also sagen alle Kreter die Wahrheit. Wenn also alle Kreter die Wahrheit sagen, sagt auch dieser Kreter die Wahrheit, und da er gesagt hat, alle Kreter seien Lügner, ist dies die Wahrheit, und alle Kreter sind Lügner. Das geht so ins Unendliche weiter und löst sich nicht einfach auf.«

Bloch ging auch auf berühmte Geschichten des Protagoras ein, etwa diese: »Es gab einen Garten, und jeder, der in ihn eintrat, musste eine Behauptung aussprechen. War die Behauptung wahr, so wurde er ersäuft, war sie unwahr, so wurde er gehängt. Ein Professor der Logik, der das Pech hatte, in diesen Garten zu geraten, dachte einige Zeit sorgfältig nach und sagte dann kurz und klar: ›Ich werde erhängt.‹ Hätte man ihn nun erhängt, hätte er die Wahrheit gesagt, und er hätte ersäuft werden müssen; hätte man ihn ersäuft, so hätte er die Unwahrheit gesagt, und er hätte erhängt werden müssen. Auf diese Weise rettete der Logik-Professor sein Leben.« An dieser Episode wird die Tückenhaftigkeit von Sprache deutlich – aber erneut auch deren spielerisches Element.

Sprache ist Baukasten, Trainingslager auch für Spitzfindigkeiten. Beim wievielten Korn fängt etwas an, ein Kornhaufen zu werden? Bei Ausfall welches Haares beginnt ein Kahlkopf? Ja, spitzfindige Fragen. Im Grunde nicht zu beantworten. Völlig nebensächlich und sinnlos, wenn man sie in Beziehung setzt zu den großen, drückenden Fragen der Weltpolitik. Aber schon die Sophisten mochten derartige Fragestellungen. Das Ziel dabei war, dass das Denken, um der Welt offensiv zu begegnen, auch mal Ab-

Bei Ausfall welchen Haares beginnt ein Kahlkopf?

stand nähme vom Alltag. Wenn man Kornhaufen und Kahlkopf konsequent theoretisch betrachtet, wird aus der Kuriosität der Frage eine sehr ernsthafte Erkundigung – nämlich nach dem Punkt, an dem eine bestimmte Quantität in eine neue Qualität umschlägt.

Keine Bange, ich setze nicht an, ein Geschichtsbuch zu schreiben. Aber ein Blick weit zurück offenbart Interessantes: Was lange vergangen scheint, ist keineswegs zu einem verstaubten Buch mit sieben Siegeln geworden, das wir Heutigen nicht mehr verstehen. Mit anderen Worten: Wir sind als Menschheit weit vorangeschritten, aber ein paar grundlegende Zusammenhänge beziehen ihre Aktualität aus sehr alten Zeiten.

Schon im antiken Griechenland und später auch im antiken Rom kam es bei der Organisation von Öffentlichkeit in bedeutendem Maße auf rhetorische Fähigkeiten an. Die Sklaven waren und blieben rechtlos, aber bei den Herrschenden, in der politischen Klasse gab es die verschiedensten Verfahren der Urteilsbildung. Bei ihnen, und auch bei Gericht, ging es um Leben oder Tod, um Sieg oder Untergang. Hierbei spielten Vorträge und die wechselseitige, also dialogische Redekunst eine gravierende Rolle.

Für Platon (428/427–348/347 v. Chr.) war die Unterscheidung zwischen einem Argument, einer Überzeugung also, und einer bloßen Überredung ganz entscheidend.

In der Demokratie geht es nicht um Wahrheiten, sondern um Mehrheiten.

Niemand, der heute politisch tätig ist, sollte so tun, als sei das eine Binsenwahrheit. Vor Überredungsversuchen sind wir alle nicht gefeit. Wie gesagt: In der Demokratie geht es nicht um Wahrheiten, sondern um Mehrheiten. Dieser Zwang verführt. Man spricht bezeichnenderweise vom Wahlkampf, nicht vom Wahlwettbewerb.

Bleiben wir noch ein wenig in der Historie post Athen und machen einen Sprung ins Rom des berühmten Cicero (106–43

v. Chr.). Er war ein glänzender Redner – und ein geschickter Verhandlungsführer, dem es regelmäßig auch gelang, aus einer Not eine Tugend zu machen. Für mich als Rechtsanwalt ist der große Römer deshalb ein äußerst interessanter Charakter und sein rhetorisches Hauptwerk *De oratore* (*Der Redner*) ein Quell mancher Weisheit. Als er einmal eine Verteidigungsrede halten sollte, beschränkte der Vorsitzende die Redezeit extrem. Cicero griff diesen Vorsitzenden verbal an: »Du hast meiner Sorgfalt durch enge Zeitschranken vorgebeugt.« So suggerierte er den Zuhörenden, dass der Vorsitzende aus unlauterer Absicht handele, er setzte sich mit diesem Richter heftig auseinander und schaffte es so, aus der geplanten Beschränkung seiner rhetorischen Möglichkeiten einen Erfolg, ja: herbeizureden. Überhaupt hielt Cicero den Angriff für die beste Verteidigung. Er war sarkastisch und spottete gern. Seine Reden als Verteidiger vor dem römischen Gericht sind rechtshistorisch von großer Bedeutung, und ebenso haben sie einen hohen literarischen Rang.

Die Redekunst der Antike habe ich nur deshalb gestreift, weil sie das Reden zuerst zu einer Kunst des öffentlichen Lebens erhob. Aber sie erhob auch zur zweifelhaften Kunst, was sich beim näheren Hinsehen als Scharlatanerie oder gar Unsittlichkeit herausstellt: Rhetorik wurde insbesondere unter den Sophisten zu einer Schule der Überrumpelung, der Irreführung, der charakterlosen Schmeichelei. Gelehrt wurde die Sprache der Verachtung ebenso wie das Vokabular der Anbiederung. So geriet die Redekunst ins Zwielicht.

Platon, dessen Zerrbild der Sophistik bis heute nachwirkt, geißelte die Rhetorik deshalb. Er sprach ihr die Fähigkeit ab, Wahrheit und Erkenntnis zu befördern. Rehabilitierung erhielt sie erst wieder durch den Platon-Schüler Aristoteles (384–322 v. Chr.). Mit seiner *Rhetorik* schrieb er das bis heute wohl folgenreichste Lehrbuch einer rhetorischen Argumentationstheorie.

Die Aufgabe der Rhetorik sah er darin, »nicht zu überreden, sondern zu untersuchen, was an jeder Sache Glaubwürdiges vorhanden ist.«

Und so führt die Frage, was war, zur Frage, was ist: das Gestern als Impuls für die Gegenwart.

10.
Anregungen aus der Literatur

**Fragen Sie uns, wir sagen Ihnen,
was im Grundgesetz drinsteht.**

*(Bei einer Rede im Bundestag 2010
an die Abgeordneten der FDP gerichtet)*

So lang und verzweigt die Geschichte der Rhetorik auch ist, eines fällt auf: Seit den Dreißigerjahren des 19. Jahrhunderts kam es in allen Nationalkulturen zu einem Niedergang der Rhetorik als wissenschaftliche Disziplin. Und: In keinem Land hatte dieser Einbruch eine so durchschlagende und anhaltende Wirkung wie in Deutschland. Unsere wechselvolle Historie – zumal die des 20. Jahrhunderts – war und bleibt auch eine Geschichte der erhabenen wie hässlichen, der erhebenden wie niederdrückenden Sprache. Stets hatte sie starke Worte gegen die Finsternis, aber sie brüllte das Elend auch mit herbei: In ihr hatte der Friedensruf ebenso Platz wie der Aufruf zum Mord. Goethe sprach Deutsch, Hitler aber auch. Die Rhetorik trug und trägt mit am unteilbaren deutschen Erbe.

Der besagte Niedergang der Rhetorik als wissenschaftliche Disziplin im 19. Jahrhundert hatte natürlich auch mit jener starken Tendenz zur Vernunftbestätigung zu tun, die sich seit der Aufklärung verstärkt an den Sprachformen der Naturwissenschaften und der Mathematik orientierte. Es ging mehr und mehr um Reden, die sich an Definitionen orientierten – jenen Begrifflichkeiten, von denen zuvor bereits die Rede war. Aber Definitionen schüchtern auch ein. Man befragt sie nicht, man nimmt sie als gegeben. Der ohnehin unliebsamen politischen Ansprache wurde seitdem schnell mit dem Vorwurf der Demagogie begegnet; es ist ja ein Merkmal der Demagogen, dass sich in ihren Reden das Taktische, Verdrehende, Irreführende irgendwann – weil es so oft und definitiv wiederholt wird – vom Handwerk tatsächlich zur Überzeugung wandelt und somit noch gefährlicher wird.

Bereits die Rhetoriklehrer der Frühzeit wussten das, und im Gewerbe machten sich schon damals schnell Leute breit, die dieser Profession den Ruf verdarben. Denn immer sind die Windigen, Wendigen, Witternden zur Stelle, wo ein Geschäft zu machen ist. Warum Überzeugung, wenn Überredung auch möglich ist? Warum Klartext, wenn man täuschen kann? Warum Offenheit, wenn man mit Finten billiger zum Ziel kommt? Wer sich Aufführungen von Shakespeare-Stücken ansieht, trifft auf jene trügerische Rede, die Wahrheit vorgibt, aber nur eine kostümierte, einträgliche Lüge ist. Wieder behaupte ich, dass es ein gar nicht so langer Weg ist von Shakespeare ins Heute.

Warum Klartext, wenn man täuschen kann?

Denn: Das Wort im Dienste der Politik wurde auch zur Waffe der Manipulatorinnen und Manipulatoren. Es kann für alles herhalten, Goethe hat es im *Faust* trefflich beschrieben, und keinesfalls zufällig legt er sein Urteil dem obersten Zyniker der deutschsprachigen Literatur, Mephistopheles, in den Mund:

>»Nur muss man sich nicht allzu ängstlich quälen,
>Denn eben wo Begriffe fehlen,
>Da stellt ein Wort zur rechten Zeit sich ein.
>Mit Worten lässt sich trefflich streiten,
>Mit Worten ein System bereiten,
>An Worte lässt sich trefflich glauben,
>Von einem Wort lässt sich kein Jota rauben.«

Auf alten Fotos und in historischen Dokumentarfilmszenen sieht man Redner auf meist provisorischen Tribünen zur Menschenmenge reden. Gestikulierend und in deutlich sichtbarer

Spannung kämpfen sie darum, die Zuhörenden zu erreichen. Die Geschichte der Arbeiterbewegung ist auch eine Geschichte des erfolgreichen Versuchs, redend den öffentlichen Raum zu erobern. Man war sich der Leute nicht von vornherein sicher, man wollte und musste sie erst gewinnen.

Wenn man sich die öffentliche Rede zu staatssozialistischen Zeiten betrachtet, widerspiegelte sie einen Grundirrtum der Politikerinnen und Politiker: die Annahme, bereits alle und alles gewonnen zu haben und sich keine rhetorische Mühe mehr geben zu müssen. Die Menschen zu langweilen, war auch eine Form von Missachtung. Ungehemmt trumpfte die Phrase auf. Maßlos durfte sich das lähmende Referat ausbreiten. Es fand kein öffentlicher Streit wirklich gegensätzlicher Ansichten statt. Alles vollzog sich frei nach einem Spruch des Dichters Kurt Bartsch: »Als der Redner ankündigte: ›Ich spreche zur Sache‹, fragten sich viele: Warum nicht zu uns?«

Meinungsaustausch hieß in vielen SED-Versammlungen: Man ging mit eigener Meinung hinein und kam mit der Einsicht in die Parteibeschlüsse heraus. Das Kommuniqué stand höher im Kurs als jede andere Schriftform. Überhaupt: Viel Papier raschelte nur, als lahme der Papiertiger durchs Gras. Aufschlussreich übrigens, dass die Geschichte der Linken in Deutschland eine ausgesprochen intensive Geschichte der Papierstapel, der Broschüren, der Abrisse und Analysen ist. Das Theoretisieren und die Thesen – das war das Trockenfutter, das die Ideologen austeilten, ohne sich am wachsenden Verdruss der Adressaten zu stören.

> Viel Papier raschelte nur, als lahme der Papiertiger durchs Gras.

Der seit 1829 erste und über lange Zeit einzige Lehrstuhl für Rhetorik, den es in Deutschland gibt, wurde 1962 in Tübingen geschaffen und ist eng mit dem Namen von Professor Walter Jens verbunden. Dies sei auch deshalb erwähnt, weil es im Vergleich dazu an jeder Universität in den USA einen Lehrstuhl für Rhetorik gibt, ebenso in Großbritannien. Sogar an den Schulen hat die Rhetorik dort einen festen Platz, etwa in Form der beliebten »Debattierclubs«.

Bei Begegnungen mit Walter Jens habe ich gespürt, wie sich Lust auf Sprache und Leidenschaft für Ausdruck übertragen können. Sprache ist nicht nur Nutzen, sie ist auch Schönheit! Jens hat mich zum Beispiel darauf aufmerksam gemacht, wie stiefmütterlich wir den Konjunktiv verwenden, obwohl der, wie er sagte, »ein Juwel« sei. Ich würde fliehen, ich würde backen? Wie viel schöner klingt, er zelebrierte es geradezu: Ich flöhe, ich büke.

Sprache ist nicht nur Nutzen, sie ist auch Schönheit!

Seit Gesprächen mit Walter Jens gehe ich sorgsamer mit der Möglichkeitsform um. Die gehört ja sowieso unverzichtbar zu einem linken Geist. Sie bildet den utopischen Überschuss, ohne den linkes Denken nicht auskommen will, aber sie ist eben auch konkrete Sprache. Die Beispiele mit dem Konjunktiv haben vordergründig nichts mit politischer Rhetorik zu tun. Doch wer über zielgerichtete Sprache nachdenkt, sollte nicht unerwähnt lassen, dass Sprache etwas Wunderbares ist.

Den Reden von Politikerinnen und Politikern stehen regelmäßig, in Medien und auf Bühnen und aus unterschiedlichen Anlässen, Reden von Intellektuellen sowie Künstlerinnen und Künstlern gegenüber. Auf ihre ausdrucksstarke Art verweisen sie auf das rhetorische Defizit im Politikbetrieb. Nun sollen politische Reden nicht etwa literarisch werden, aber wo sich Literaten wieder verstärkt öffentlich engagieren und sich sorgenvoll und zornig einmischen, blickt man zwangsläufig noch kritischer auf uns. Damit ist ein alter Streit neu entfacht: Sind Schriftstellerinnen und Schriftsteller unter Umständen – man schaue auf ihre Reden! – die besseren Politik-Vermittlerinnen und -Vermittler? Sind sie es vielleicht schon allein deshalb, weil Politikerinnen und Politiker das Publikum zu oft langweilen, indem sie es zunehmend mit bloßer, funktionsgestützter Wichtigtuerei konfrontieren?

Mit Schriftstellerinnen und Schriftstellern im Gespräch zu sein, ist mir Anregung und Herausforderung. Eine gute Schule dafür war, dass die Autoren Stefan Heym und Gerhard Zwerenz Bundestagsabgeordnete unserer Partei waren. Partnerschaft von Politik und literarischer Welt – das ist keine Alltäglichkeit mehr, wie zu Zeiten von Willy Brandt und Günter Grass. Oder zu Zeiten des Umbruchs in der DDR, als Christa Wolf mitschrieb an einer möglichen neuen Verfassung.

Möglichkeitsform gehört unverzichtbar zu einem linken Geist.

Fünf Jahre nach Herstellung der deutschen Einheit, in seiner Rede zur Konstituierung des 13. Bundestages am 10. November 1994, sagte Stefan Heym als dessen Alterspräsident – und Abgeordneter unserer Fraktion – zu den frisch gewählten Volksvertreterinnen und Volksvertretern: »Wir werden in den nächsten vier Jahren keine leichte Zeit haben. Es werden Entwicklungen auf uns zukommen, auf welche sich die wenigsten von uns, schätze ich, bisher eingestellt haben und um die wir uns nicht werden herumschwindeln können. Wie sagte doch Abraham Lincoln, der große amerikanische Präsident: ›Einen Teil der Menschen können sie die ganze Zeit zum Narren halten, und alle Menschen einen Teil der Zeit, aber nicht alle Menschen die ganze Zeit.‹«

Nur eine von vielen Gelegenheiten, bei denen ein Literat in der Politik einen Akzent an entscheidender Stelle zu setzen wusste, der einem weniger versierten Gewohnheitsnutzer von Worten möglicherweise auf die Füße gefallen wäre: Schriftstellerinnen und Schriftsteller wissen, wann es rhetorisch zu zitieren gilt – zum Beispiel, weil sich etwas schwerlich direkt sagen lässt.

Walter Jens übrigens gehörte zu den Gästen meiner bereits langjährigen Gesprächsreihe am Deutschen Theater in Berlin. Er gab ein Beispiel zum Besten, zu welcher List Rhetorik greifen kann. Zu DDR-Zeiten wurde er vom Theologen und Bürgerrechtler Friedrich Schorlemmer nach Lutherstadt Wittenberg eingeladen, um dort einen Vortrag über Martin Luther zu halten. Jens durfte zwar einreisen, aber ein Vortrag wurde von offizieller Seite abgelehnt. Lediglich an einer Diskussion mit anderen Teilnehmenden des Symposiums dürfe der westdeutsche Gast teilnehmen. Die Lösung, also die Umgehung des Verbots fand sich auf verblüffend einfache, kluge und spitzfindige Weise. Die Diskussion begann, ein wenig ging der Wortwechsel hin und her. Und dann stellte jemand, fast beiläufig, eine Frage an Walter Jens. Der antwortete – in der Länge seines geplanten Vortrages ...

Professor Jens hat immer wieder betont, dass zur Rede die Gegenrede gehöre: »Deshalb kann es in Diktaturen keine große Rhetorik geben, weil jede Gegenrede mit dem Knüppel oder dem Revolver unwirksam gemacht wird.« Ein harter Satz, aber durch Geschichte belegt. Den Weg zum Knüppel säumten zahlreiche Zwischenstufen. Generell lässt sich sagen: In den staatssozialistischen Ländern spielte die Rhetorik kaum eine Rolle. Rhetorik, das hieß höchstens: Die erste Geige spielte, wer die großen Töne spuckte. Ernsthaft betrachtet aber hing auf politischem Felde die Vergabe von Funktionen nicht davon ab, ob jemand wirksam und überzeugend reden konnte. Walter Ulbricht und Erich Honecker waren eindeutige Belege für die Geringschätzung rhetorischer Fähigkeiten in diesen Systemen. Über Erich Honecker gab es den Witz, er sei ein Wunderkind: Er konnte mit vier Jahren bereits so sprechen, wie er dann mit siebzig sprach.

11.
Schönfärberei und
Kampfbegriffe

**Der Zweck von Wirtschaft
ist die Wohlfahrt des Menschen.**

(In der Zeitschrift brand eins im Januar 2005)

Sprach-Geschichte ist die Geschichte eines Freiheitsdrangs, die Dinge beim Namen zu nennen – oder eben nicht. Zugleich bildet Sprache ja den Wunsch ab, all das, was wir wahrnehmen, mit Deutungsvorschlägen zu versehen. Ich mag das: hinter dem einen angenommenen Sinn von etwas Gesagtem auch den Doppel- und Mehrfachsinn zu entdecken. Das macht die Verantwortung nicht geringer: aus Mehrdeutigkeit nicht Manipulation werden zu lassen.

Worte sind nicht neutral, aber natürlich sind sie nicht automatisch manipulativ, nur weil sie von einer politischen Gegenseite verwendet werden. Sprache wirbt um Positionen. Wer es als gut empfindet, dass Familien finanziell unterstützt werden, die ihre Kinder im Kita-Alter zu Hause betreuen, wird sich mit dem Begriff des »Betreuungsgeldes« einverstanden erklären und verstanden **»Unrechtsstaat DDR«: ein rhetorischer Generalangriff.** fühlen. Wer anders darüber denkt und dahinter sogar eine Diskriminierung der Frau fürchtet, wird dem abwertenden Wort von der »Herdprämie« zustimmen.

Sprache ist auch ein Feld der, wie es landläufig heißt, »politischen Kampfbegriffe«. Sie weisen Sachverhalten klare Bedeutungen zu, geben sich wissenschaftlich, aber tatsächlich verfolgen sie nur eine ideologisch motivierte Brandmarkung. Von vielen möglichen Beispielen greife ich nur eines heraus, weil es mich als linken Politiker sehr oft zur Widerrede herausgefordert hat. Es ist das Wort vom »Unrechtsstaat DDR«: ein rhetorischer Generalangriff, unablässig strapaziert, bis heute.

Dieser Begriff des »Unrechtsstaates« ist weder ein wissenschaftlicher noch ein juristischer. Es handelt sich um eine politisch-ideologische Vokabel. Mir ist sie suspekt, aus zwei Gründen. Der erste Grund ist ein biografischer. Meine Eltern haben gegen den Unrechtsstaat der Nazis gekämpft. Das Attribut so ohne Weiteres auch auf die DDR anzuwenden, bedeutete im Klartext: Menschen wie meine Eltern haben den einen Unrechtsstaat bekämpft, um einen gleich gearteten Staat wieder aufzubauen. Das ist für mich inakzeptabel. Es ist auch falsch. Die Ziele der Kommunistinnen und Kommunisten waren edel, die Methoden keineswegs. Bei den Nazis dagegen gab es kein edles Ziel, kein einziges. Ganz davon abgesehen, dass die DDR keinen Zweiten Weltkrieg eingeleitet, nicht sechs Millionen Juden ermordet und ihre politischen Gegner nicht in Konzentrationslager verschleppt und getötet hat.

Der zweite Grund: Dieser Begriff vom Unrechtsstaat wurde geprägt vom hessischen Generalstaatsanwalt Fritz Bauer. Und zwar nur für den NS-Staat. Sein Schöpfer wäre überhaupt nicht auf die Idee gekommen, diesen Begriff auch auf die DDR anzuwenden. Im Übrigen sagte eben jener Fritz Bauer, als konsequenter Kämpfer gegen alte und neue Nazis in der Bundesrepublik, den bezeichnenden Satz: »Immer wenn ich mein Dienstzimmer verlasse, betrete ich feindliches Ausland.«

Es gab Unrecht in der DDR, das muss **Das Kategorisieren** gesagt werden, aber sie war für mich deshalb noch kein Unrechtsstaat. Sie so zu **wird wie ein politisches** **Gewohnheitsrecht** nennen delegitimierte alles in ihr und an **gehandhabt.** ihr. Das Kategorisieren wird inzwischen wie ein politisches, mediales Gewohnheitsrecht gehandhabt. Auf die DDR bezogen, habe es jener Lesart vom Unrechtsstaat zufolge nur drei Möglichkeiten gegeben, gelebt zu haben: als Täter, als Mitläufer oder als Opfer. Dazwischen: nichts?

Das mag ich nicht an uns Deutschen – diese elende Begriffsdogmatik. Es genügt öffentlich nicht, dass ich sage: In der DDR gab es staatliches Unrecht, das war unverzeihlich, und zum Glück ist das abgeschafft worden, Punkt. Nein, fortwährend soll ich mich verpflichten lassen auf Termini, so auch auf diese eine Vokabel vom Unrechtsstaat. Erst dieses Wort ist der Stempel, der mich beglaubigt, der mich moralisch als richtig einordnet. Das ist der Druck, der vom Mainstream ausgeht – dem ich mich aber nicht beugen will. Das ist nun wirklich wie in der DDR: Äußerte damals jemand unbequeme, unbotmäßige Kritik, wurde man sofort beargwöhnt und demagogisch gefragt, ob man gegen den Frieden sei.

Ich will anderen nicht verwehren, diesen Begriff vom Unrechtsstaat zu verwenden, wenn sie von der DDR sprechen. Es ist ihr Recht. Ich selbst aber nehme mir das Recht eigener Einordnungen. Ich möchte nicht verpflichtet werden auf eine bestimmte Kategorie. Kein Leben verläuft so, dass es mit einer Tendenz oder einer Formel gleichgesetzt werden kann.

Ein anderes Beispiel, wie Sprache verwirrend wirken kann: Die weltumspannenden Aktivitäten der NSA, des Nachrichtendienstes der USA, führten 2014 zu jenem Satz von Angela Merkel, der Schlagzeilen machte. »Ausspähen unter Freunden – das geht gar nicht.« Das Handy der damaligen Kanzlerin war von der NSA abgehört worden. In seinem Buch *Wer hat Angst vorm BND?* schrieb der damalige BND-Chef Gerhard Schindler: »Nach dem Ausspruch der Kanzlerin wurden die BND-eigenen Selektoren grob gesichtet und eine Vielzahl von Such-Zielen festgestellt, die man unter den Begriff ›Freund‹ subsumieren konnte. Das Problem mit den ›Freunden‹ war deshalb nicht so einfach, weil der Begriff ›Freund‹ keine nachrichtendienstliche Kategorie ist – weder im Alltag noch im Gesetz. Ist der Terrorist mit französischer Staatsbürgerschaft ›Freund‹? Ist das bulgarische Unternehmen, das des Waffenhandels verdächtigt wird, ›Freund‹? (...) Eine europäische Kategorie oder gar eine Kategorie ›Freund‹ kannte das Gesetz damals nicht.«

Dass geheimdienstliche Kategorisierung anders an die Dinge (und die Begriffe dafür!) herangeht als die Moral, wirft ein bezeichnendes Licht darauf, wie unterschiedlich Sprache verwendet werden kann.

Etwa die Begriffe »Arbeitnehmerin« und »Arbeitgeberin«: Nimmt die eine und gibt die andere? Oder ist es nicht vielleicht umgekehrt? Oder der »Klimawandel«: klingt beinahe malerisch, wo es doch eine drohende, bereits spürbare Katastrophe zu benennen gibt. Der Begriff der »militärischen Hilfsmaßnahmen« verschleiert, dass es sich um Krieg handelt. Zynisch wird, wie bereits zitiert, schon mal von »Kollateralschäden« gesprochen, wenn bei solchen Einsätzen Unschuldige getötet werden. Und natürlich werden Kriege nicht vorbereitet, vielmehr errichtet man eine »Drohkulisse«. Die Beschneidung von Arbeitsrechten wird als »Flexibilisierung des Arbeitsmarktes« getarnt. Selbstverständlich klingt ein Begriff wie »industrielle Tierhaltung« weniger grausam als das Wort von der »Massentierhaltung«. Der »Solidaritätszuschlag« sollte überzeugend, geradezu werbend wirken, ist aber eine normale Steuer, deren Ertrag für alles jenseits der Begriffshülse verwendet werden kann – also auch für Dinge frei und fern von jeder Solidarität.

Der Journalist Stephan Hebel, mit dem ich das Buch *Ausstieg links?* schrieb, sagte im Deutschlandfunk: »Es ist natürlich schöner, als Politiker zu sagen: Wir kämpfen für Eigenverantwortung, als zu sagen: Wir wollen Sozialleistungen abbauen, und jeder soll sich um sich selbst kümmern.« Die Schönfärberei unpopulärer Maßnahmen gehört zum Standardrepertoire der politischen Mani-

Eine Hauptregel der Schönfärberei: verschwommen bleiben!

pulation. »Arm und Reich« klingt natürlich weit härter als »Vermögende und sozial Schwache«. Überhaupt: »vermögend«? Das assoziiert zudem, dass jemand etwas vermag, also eine Fähigkeit oder Gabe. Zum Finanziellen kommt also eine spezielle Tugend. Sozial Schwache? Ihnen fehlt nicht nur das ökonomische Hinterland, nein, der Begriff lässt zu, dass man an fehlende soziale Kompetenz denkt, die diese Leute nicht auszubilden in der Lage seien. In Wahrheit sind sie nicht sozial schwach, sondern: benachteiligt, finanziell arm.

Sprache diskriminiert. Ökonomische Macht, neoliberale Positionen nahmen auch Besitz von bestimmten Richtungen der Wirtschaftswissenschaft. Stephan Hebel schrieb dazu: »Und in diesem Bündnis **Sprache diskriminiert.** aus bestimmten Interessengruppen, einer bestimmten wissenschaftlich vorherrschenden Richtung und aus Politik lassen sich Sprechweisen durchsetzen.«

Eine Ungerechtigkeit, die mich besonders aufwühlt, besteht darin, dass Kinder aus materiell und sozial schlechter gestellten Elternhäusern geringere Bildungschancen haben als andere. Der fatal falsche, verschleiernde Begriff der »bildungsfernen Schichten« ist hier nicht nur Vorwand und vermeintliche Begründung. Er offenbart auch die rhetorische Neigung von Apologeten, den Verlierern gesellschaftlicher Entwicklungen eine persönliche Schuld an ihrem sozialen Status zuzuschreiben oder eine gewisse Naturgegebenheit der Machtverhältnisse zu suggerieren. »Respekt« gehörte zu den Hauptwörtern von Olaf Scholz im Wahlkampf des vergangenen Jahres. Ein edles Wort. Aber was meinte er damit? Eine Hauptregel der Schönfärberei: verschwommen bleiben!

Jede Zeit hat ihre Sprache, die wiederum auf ihre Zeit einwirkt. Politik wirkt an beidem mit. Infolge der Pandemie etwa muss eine Sprache der Politik gesucht werden, die auf neue Art alle Hoffnungen auf Veränderung des Bisherigen mit der Sehnsucht nach Beruhigung zu verbinden weiß. Man spürt allenthalben, wie unterschiedlich auf die Lage reagiert wird. Dort, wo man meint, die wirtschaftlichen Fäden zu ziehen, geht die Rede vom notwendigen »Crashkurs in Risikopolitik«. Das ist der Ton der Neoliberalen. Milder, geradezu philosophisch klingt die Aufforderung zum »Alternativempfinden«, das soll die Sensiblen ansprechen – in ökologischen Krisenzeiten. Diese Wortschöpfung geht von jenen aus, die es sich leisten können, dass der Konsumismus zwar weiter gelebt wird – aber doch bitte anders, verträglicher genannt werden möge. Ein Berliner Neurowissenschaftler sprach von »mehr Lebensfreude durch Verzicht«. Zynisch gut gesagt für Hartz-IV-Betroffene und Geringverdienende.

So kann immer wieder festgestellt werden: Sprache macht den Menschen kenntlich wie ein politischer Personalausweis. Wie schnell etwa ist man gegenwärtig mit **Sprache macht den** dem Begriff »ökologische Nachhaltig-**Menschen kenntlich** keit«! Er ist eine politische Marke, die ich, **wie ein politischer** so pur benutzt, nicht akzeptieren kann. **Personalausweis.** Denn es geht nicht um ökologische Nachhaltigkeit schlechthin, es geht um ökologische Nachhaltigkeit in sozialer Verantwortung. Das gehört für mich untrennbar zusammen.

Konsequenz aber ist eine wünschenswerte Eigenschaft, die politischer Rhetorik des Öfteren abgeht – von der Prüffestigkeit einer Aussage gar nicht zu reden. Das Wort von der sozialen Verantwortung höre ich bei den Grünen nicht im gleichen Atemzug mit der Beschwörung besagter Nachhaltigkeit. Ein Braunkohlerevier darf ich jedoch nicht schließen, ohne den Braunkohlekumpeln zu sagen, dass sie am nächsten Tag für ein gleiches Gehalt einen anderen Arbeitsplatz haben. Ökologie kann ich nicht um den Preis betreiben, Menschen einfach in die Arbeitslosigkeit zu schicken. Mit uns Linken darf es so etwas nicht geben. Antiökologisches Verhalten teuer machen, damit es eingedämmt wird? Damit wird es nur zum Privileg derer, die es sich leisten können und denen es nichts ausmacht, wie viel das alles kostet.

Auch bei der Mobilität müssen wir neue Wege gehen. Wir müssen sie für alle sichern. Wenn vom Dorf zur Kreisstadt nur einmal am Tag ein Bus fährt, gibt es keine wirkliche Mobilität. Aber in solcher Situation gegen das Auto zu argumentieren, ist ein sozialpolitischer Frevel. Der zweite Bus rechne sich nicht? Muss er auch nicht! Dafür zahlen wir Steuern. So wie wir für die Gesundheitsfür- und -vorsorge Steuern zahlen: Ein Krankenhaus muss sich nicht rechnen. Es muss sich auszahlen für diejenigen, die seiner bedürfen.

Mit anderen Worten: Jeder Sachverhalt kann in einen anderen Rahmen »gesteckt« werden, je nachdem, wohin Interpretation und Beeinflussung zielen. Der in Mode gekommene Begriff des »Framing«, was so viel bedeutet wie »Rahmung«, versucht das zu fassen. »Wer raucht, stirbt schneller« – diese Logik erschreckt. »Wer aufhört zu rauchen, lebt länger« – diese Logik ermutigt.

Mich erinnert das an einen jüdischen Witz, den mein Vater gern erzählte. Sagt ein Jude zum anderen: »Du siehst ja so verdrießlich aus.« Antwortet der andere: »Ja, ich bin sauer. Ich habe den Rabbi gefragt, ob ich beim Lesen der Thora rauchen darf. Er hat das entschieden verneint.« – »Du bist aber auch blöd«, sagt der Freund, »du hättest fragen müssen, ob man beim Rauchen die Thora lesen darf. Das hätte er immer erlaubt.«

12.
Glanz und Elend der Talkshows

Wer die deutsche Einheit haben will,
muss sich auch mit mir abfinden.
Billiger ist sie nicht zu haben.

(Zu persönlichen Angriffen
in einer Parlamentsdebatte im Mai 1996)

Technische Möglichkeiten bestimmen darüber, wie man sich miteinander verständigt. Die rhetorischen Fähigkeiten von Politikerinnen und Politikern waren in früheren Zeiten naturgemäß noch nicht so sehr an die großen, öffentlichen Plätze gebunden. Vor der Erfindung des Radios, erst recht vor der Erfindung des Fernsehgerätes, dominierte die schriftliche Form der Kommunikation. Wenn ich an Karl Marx und Friedrich Engels denke, so gibt es kaum Hinweise auf ihre Rhetorik. Sie schrieben Bücher und Artikel. Wichtig war deshalb, dass Arbeiterinnen und Arbeiter endlich auch Lesen und Schreiben lernten. Interessant übrigens, dass Karl Marx ausgerechnet *Das Kapital* als allgemeinverständlich bezeichnete – von allgemeiner Verständlichkeit habe ich allerdings andere Vorstellungen.

Auch noch in der Zeit von Otto von Bismarck, August Bebel, später Rosa Luxemburg und Karl Liebknecht spielte das Schriftliche eine dominante Rolle. Erst allmählich, dann aber mehr und mehr wurde der öffentliche Raum zum Austragungsort der Politik. Die Formen der Wahrnehmung änderten sich. Mit dem Rundfunk gewann die Stimme deutlich an Gewicht. Der lange Weg in die moderne Mediengesellschaft begann. Dieser Begriff bezieht heute seine Wahrheit auch aus dem, was bedenklich daran ist. Mediengesellschaft heißt nicht selten: Medien dominieren die Gesellschaft. Es geht seit der Erfindung des Fern-

Mediengesellschaft heißt nicht selten: Medien dominieren die Gesellschaft.

sehens nicht mehr nur um die Art zu sprechen, sondern auch um die Art der Gesamtwirkung: Kleidung und Gesichtsausdruck werden auch in der Politik zu Kriterien einer Bewertung, die doch zuvörderst inhaltlichen Aspekten folgen sollte. Debatten habe ich hinter mir, welche Krawatten ich zu welcher Gelegenheit tragen sollte ...

Wir Politikerinnen und Politiker sind inzwischen Dauerrednerinnen und Dauerredner, vom *Morgenmagazin* bis zu irgendeiner Late Night Show. Dazwischen mehr Wortmeldungen zu zahllosen Anlässen als Tassen Kaffee oder Tee. Die Befürchtung muss ausgesprochen werden, dass dabei die Denkgeschwindigkeit des Hirns jenem Tempo, mit dem wir den Mund aufmachen, nicht immer gewachsen sein kann. Da hilft irgendwann auch der Kaffee nicht mehr.

Es gehört zu den Techniken der Politikprofis, dass sie antworten, auch wenn niemand fragt. Oder aber sie werden konkret gefragt und quatschen drauflos. Im Fernsehen ist das tagesdurchgängig zu beobachten: Man zieht seine Statements durch, ohne mit der Wimper zu zucken. Dieses stereotype Verhalten missachtet Erwartungen des Publikums an Information und mögliche Meinungsbildung. Als jemand, der wahrlich nie geschont wurde von Journalistinnen und Journalisten, wundere ich mich mitunter über deren Langmut und Gleichmut. Denn so, wie es sich gehört, jemanden ausreden zu lassen, so gehört es zur Kultur des (Miteinander-)Redens vor der Kamera, Schwätzerei und fortwährend hohles Gerede entschieden zu unterbrechen.

Politikprofis antworten, auch wenn niemand fragt.

Als das Fernsehen noch in den Kinder- und Jugendschuhen steckte, waren auch TV-Gespräche eine Rarität. Zur Zeit der ersten Interviews von Günter Gaus für seine Reihe *Zur Person*, die Kulturgeschichte schrieb, bedeutete ein Auftritt von Politikerinnen und Politikern im Fernsehen eine außerordentliche, aber eben auch völlig neue Chance zur Selbstdarstellung mit (möglicherweise) nicht zu unterschätzenden Folgen fürs Verhalten des Wahlvolkes. Vor dem Interview mit Willy Brandt ging dieser gemeinsam mit Egon Bahr tagelang die Themen und Details durch, die dieser Herr Gaus erfragen könnte. Heute dagegen steht ein Fernsehtermin als x-beliebiger Termin zwischen einem Frühstücksgespräch mit einer Boulevardzeitung und der Rede in einem Freizeitpark. Mehr und mehr sind Talkshows zu Pflichtterminen für das politische Personal geworden und für die Bürgerinnen und Bürger zu einer Art Präsenz-Unterricht. Politik kommt ungefragt und ungebremst in die Wohnzimmer.

Zwischen *Frühstart* und *Inas Nacht* gibt es zahlreiche TV-Optionen für Kommentare und Analysen, und sie werden rege genutzt. Wobei die Analyse leider gar nicht so hoch im Kurs steht, weil sie, schlicht gesagt, Zeit verlangt. Das Fernsehen hat Uhren, aber wenig Zeit. In manchen Sendungen kann man mit Fug und Recht von einer Art Gewaltbereitschaft sprechen. Die liegt nicht im Willen, einander in den Arm zu fallen, sondern ins Wort. Da wird der ruhige, bedachte, überlegte Gedanke scheu – und zieht sich lieber zurück.

Häufig begegne ich dem Urteil, ich hielte mich besonders gern in Talkshows auf. Meine Antwort, dies sei nicht der Fall, löst Stirnrunzeln aus – es gibt eben Bewertungen, gegen die man sich nicht wehren kann. Und natürlich bekomme ich Zahlen vorgehalten, die meine relativ häufige Anwesenheit in den Sendungen von *Markus Lanz* bis *Maischberger – Die Woche*, von *Anne Will* bis *Riverboat* belegen.

Auf der einen Seite mag ich das Gespräch. Ich bin neugierig auf Menschen. Mich interessieren, wie bereits erläutert, fremde Denkwelten bereits mein Leben lang. Andererseits weiß ich um die beschriebene mediale Methodik, die gnadenlos verkürzt, gewiss auch verkürzen muss, und sich in den Talkshows zum üblichen Modus entwickelt hat. Selten sind jene Sendungen ge-

worden, in denen man sich für Gesprächspartnerinnen und
-partner wirklich interessiert und Zeit lässt. Es gibt sie kaum
noch, die medialen Bühnen, auf denen mehr als forsche Selbst-
behauptung angesagt ist. Beinahe überall wird dem suchenden,
leise vorgetragenen Argument ebenso gründlich abgeschworen
wie dem gegenseitigen Respekt.

Es gibt einen großen Unterschied zwischen der Leugnung
von Umständen und einer Nachdenklichkeit, die aus bestimmten Umständen entstehen kann. Deshalb ist die Vielfalt der Medien ein so kostbares Gut. Ich weiß, wovon ich rede: Es gab Zeiten, da wurden die damalige PDS und ich als ihr Vorsitzender
fast vollständig von den Medien ausgegrenzt. Es gab zunächst
nur wenige in den Sendeanstalten, die mich einluden. So bekam
ich eine Chance, um für Akzeptanz für mich, aber auch für
meine Partei zu ringen. Ohne Medien wäre das nicht möglich
gewesen. Für die Rufpflege sah ich es als meine Pflicht an, in
Talkshows zu gehen. Mit Freude hatte das nichts zu tun. Meine
Partei und auch ich erfuhren ansonsten nämlich nur dann ein
merkbares mediales Interesse, wenn es etwas extrem Negatives
über uns zu berichten gab.

Natürlich gab es zuhauf Momente, die wehtaten. Meine erste
TV-Talkrunde im Westen Deutschlands fand, noch in der Wende-
zeit, in Hamburg statt. Es saßen drei Moderatoren und drei oder
vier Gäste im Studio. Ich wurde, in meiner Funktion als Vorsitzender der SED-Nachfolgepartei, als der politische Sündenbock
schlechthin behandelt. Heftig wurde ich angegriffen. Ich war
einzig mit Abwehr beschäftigt, und natürlich gefiel den Moderatoren diese aufgeheizte Stimmung. Nach der Sendung verließ
ich auf schnellstem Wege das Fernsehstudio.

Als der Wagen, der mich damals vom Gelände des Fernseh-
studios brachte, am Tor vorbeifuhr, hielt uns der Pförtner an. Er
übergab mir eine Flasche Champagner, die soeben bei ihm abgegeben worden war, sowie eine beigefügte Postkarte. Darauf

stand: »Gerade habe ich die Sendung gesehen. Die Angriffe waren abscheulich.« Ich solle mich jetzt, so stand auf der Karte, in mein Hotel begeben, in Ruhe die Flasche Champagner austrinken und morgen mit neuer Kraft an meine Aufgaben gehen. Der Mann schrieb auch, er sei Rechtsanwalt, seine Personalien hinterlasse er jedoch nicht. Er benötige keinen Dank; er wolle lediglich zum Ausdruck bringen, dass es auch in Hamburg Menschen gebe, die anders denken, als ich es soeben erlebt hatte.

Ich war gerührt. Jeder kennt Momente vorm Fernseher, da man sich über das Geschehen empört und sich solidarisch mit jemandem auf dem Bildschirm fühlt. Doch dass ich mir dann die Mühe mache, in den Keller zu gehen, eine Flasche zu holen, eine Postkarte zu schreiben, das Geschenk einzupacken, mit dem Auto zu dem betreffenden Studio zu fahren und mein Präsent dort abzugeben, nur um dem Subjekt meiner mitmenschlichen Solidarität einen Gefallen zu tun? Kaum vorstellbar. Solche Gesten ermutigen mich. Und sie bekräftigen, wie wichtig es ist, Post wirklich persönlich zu nehmen und sie als Form des Gesprächs zu empfinden – Rhetorik mit anderen Mitteln. Politik ist nicht Monolog, sondern Dialog.

Trotz aller unliebsamer Erfahrungen: Selbstredend ist die Unabhängigkeit der Medien, bei allen markt- und politikgesteuerten Einschränkungen, ein wichtiges, äußerst schützenswertes Gut. Wenn etwa die Rechtsbewegung Pegida von »Lügenpresse« spricht, setzt sie damit klar ein warnendes Zeichen: Auch Journalistinnen und Journalisten gehören zu »denen da oben« und sind es demnach wert, grob beschimpft und bekämpft zu werden, weil sie Pegida angeblich falsch darstellten. Diese derb populistische Bewegung verfährt, um Öffentlichkeit zu provozieren und präsent zu bleiben, nach folgender Methode, die auch die AfD praktiziert: Jemand aus dieser rechten Szene sagt gezielt und laut einen abenteuerlichen Satz. Die Presse reagiert darauf empört. Die oder der Betreffende relativiert die hanebüchene

Aussage und interpretiert sich selbst neu: Man habe es nie so gemeint, und spricht deshalb von böswilliger Verleumdung durch die »Lügenpresse«. Das ist keine Rhetorik, nicht einmal eine schwarze. Das ist, wenn überhaupt, Anti-Rhetorik: der Versuch, den Worten ihre wahrhaftige Bedeutung zu nehmen und durch subversive Botschaften zu ersetzen. Wir sollten also auf der Hut sein – und es bleiben. Nicht nur die Freiheit muss stets verteidigt werden, wie Politikerinnen und Politiker verschiedenster Provenienz nicht müde werden zu betonen (aber damit sehr verschiedene Dinge meinen). Auch die Freiheit der Rede braucht unsere Aufmerksamkeit. Und damit meine ich selbstredend die wirkliche, im Grundgesetz verbriefte Redefreiheit – nicht den vermeintlichen Anspruch auf einen rechtsfreien Raum, den die Populistinnen und Populisten gern für sich beanspruchen würden und deshalb als »Meinungsfreiheit« titulieren.

In der Politik steht man naturgemäß im Kreuzfeuer öffentlicher Reaktionen. Es liegt in der Natur der Sache, dass es neben der Zustimmung auch viel Widerspruch, Polemik, Affront gibt. Die angesprochene Schnelligkeit der Kommunikation befördert die spontane Erwiderung, den unbedachten Ton, das ungehemmte Echo. Auch dem habe ich mich stets gestellt und versucht, sogar bei übelster Beschimpfung ein Mindestmaß an Verständnis aufzubringen. Begegnung ist immer auch Entgegnung. Natürlich gab es auch Entgleisungen bis hin zu Morddrohungen. In zugespitzten politischen Situationen bleibt das offenbar nicht aus, und selbstredend gibt es dann Grenzen für Kontakt und Gespräch. Aber wer mag entscheiden, wo ein Gespräch Früchte trägt oder nicht? Kommunikation mit denen, die die Demokratie attackieren, kann schiefgehen – Nichtkommunikation wird auf jeden Fall schiefgehen.

Kommunikation kann schiefgehen – Nichtkommunikation wird auf jeden Fall schiefgehen.

Seit Beginn meiner Arbeit in Partei und Parlament bemühe ich mich, Briefe weitgehend persönlich zu beantworten, denn Vertrauen ist nicht übertragbar. Wenn ich allerdings bei bestimmten Sachthemen Mitarbeiterinnen, Mitarbeiter oder Fachleute um Antwort bitte, finde ich es auch richtig, dass sie selbst die Briefe unterschreiben. Gestehen muss ich: Es bereitet mir eine gewisse Freude, gerade auf bösartige Briefe anders zu antworten, als es der Absender erwartet. Nie lasse ich mich selbst zu einem hässlichen Ton verleiten. Der betont sachlich abgefasste Brief ist die weit größere Provokation – weil er offenbart, dass ich mich nicht habe reizen lassen.

Vertrauen ist nicht übertragbar.

Eine Zeit lang war ich von den Sicherheitskontrollen an deutschen Flughäfen freigestellt. Ein Mann, der hinter mir stand, beobachtete dies und schrieb mir einen Brief: Er fühle sich benachteiligt. Ich antwortete ihm und verwies auf eine Erlaubnis durch den Bundesinnenminister. Aber ich könne, so schrieb ich, seinen Vorwurf nicht nachvollziehen, er sei dadurch benachteiligt worden. Er hatte ja hinter mir gestanden. Wäre ich kontrolliert worden, hätte er länger warten müssen. Dann folgte, vor den freundlichen Grüßen, meine Schlussbemerkung: »Ansonsten bin ich wie Sie, ich hasse Privilegien, die andere haben und ich nicht.« Das unterschrieb ich mit Vergnügen.

Einer bundesdeutschen Zeitschrift beantwortete ich einen Fragebogen, in dem unter anderem gefragt wurde, wie ich einem Blinden mein Äußeres beschriebe. Ich gab an: »Groß, kräftig, dichtes blondes Haar.« Darauf erhielt die Redaktion einige Leserbriefe, von denen einer auch veröffentlicht wurde: »Von einem Linken hätten wir natürlich erwartet, dass sich seine Fantasie in dieser Frage an Karl Marx orientiert: dichter, langer Bart und wallendes, dunkles Haar.« Stimmt. Ist mir damals aber leider nicht eingefallen.

Zweifellos hatte und habe auch ich Grund, mich auch über das eine oder andere Medium zu beschweren. Man ging niemals zimperlich mit mir um. Allerdings habe ich

Zurückgehasst habe ich nie. gelernt, sehr unterschiedlich darauf zu reagieren. Mit möglichst treffsicherer Polemik, mit Gelassenheit, mit Nichtachtung, mitunter aber auch mit juristischen Mitteln. Zurückgehasst habe ich nie.

Für wen sitzt man in einer Talkshow? Für sich selbst? Zuallererst natürlich: ja. Es ist das eigene Gesicht, das man dem Kamerablick aussetzt, es ist das eigene Wort, das man ergreift. Und doch muss ich von einer Erfahrung sprechen, die mir klarmachte, was mein Auftritt in einer Talkshow zu einer bestimmten Zeit bedeutete.

In den Monaten nach Herstellung der deutschen Einheit wurde ich vom Fernsehsender RTL (damals RTL plus) in die so populäre wie umstrittene Talkshow *Der heiße Stuhl* eingeladen. Dem Titel dieser Sendung entsprechend handelte es sich um eine besonders aggressive Befragungstortur.

Die PDS musste damals weitgehend tatenlos zusehen, wie sich für zahlreiche Menschen in den neuen Bundesländern die soziale Situation zuspitzte. Die Arbeitslosigkeit stieg ab 1990 bedrohlich. Für viele schien es kein wirklich lohnendes Leben nach der DDR zu geben. Millionen fühlten sich minderwertig. Diese Menschen blickten auf Biografien zurück, denen die neudeutsche, also westdeutsche Deutungshoheit weitgehend nur Nutzlosigkeit oder Opportunismus beschied. Mit der Freiheit kam auch eine gewisse Kälte. Es fehlten die Strukturen für eine wirksame Interessenvertretung der Ostdeutschen. Unsere Partei übernahm diesen Part, war damit aber auch überfordert. Zudem wurden die ostdeutschen Mitglieder und Abgeordneten der anderen Parteien zu wenig ernst genommen.

Wohin man auch blickte, traf man auf ungerechte Bewertungen der ostdeutschen Geschichte. Nicht alle, die sich diesen Vorwürfen und Nachreden ausgesetzt sahen, verfügten über das entsprechende Selbstbewusstsein, damit umzugehen. So kam ich auf die Idee, im Osten Komitees für Gerechtigkeit zu bilden. Ostdeutsche sollten sich organisieren, um unabhängig von Weltanschauung, Religion, politischer Zugehörigkeit und sozialer Stellung ostdeutsche Interessen zu artikulieren und schrittweise auch in den entsprechenden Gremien durchzusetzen.

Diese Komitees wurden zwar gegründet, blieben aber leblos und erreichten kaum etwas. Die Kraft reichte nicht; der institutionelle Einfluss war gleich null, die strukturelle Energie ebenso. Trotzdem veränderte dieses Begehren nach einer anderen Behandlung der Ostdeutschen, dieser Mahnruf zu Würde und mehr Gerechtigkeit, merklich die Stellung der PDS unter den Ostdeutschen. Das Medienecho war beachtlich. Es wurde deutlich, wem wir Lobby sein wollten. Ich spürte das auch an den Einladungen seitens der Medien, die an mich persönlich gerichtet waren.

Als ich bei RTL auf dem heißen Stuhl saß, standen mir ein Moderator und vier Politiker gegenüber, die mich wegen besagter Komitees für Gerechtigkeit nicht nur unter die Lupe nahmen, sondern regelrecht beschimpften. Eigentlich sollte der Moderator vermitteln, aber auch er hatte sich rasch gegen mich entschieden. Er moderierte kaum, sondern griff im Chor der anderen mit an. Unter denen, die da »argumentierend« auf mich angesetzt waren, befand sich auch ein CSU-Mitglied, damals Staatssekretär im Bundesfinanzministerium. Ständig schüttelte er den Kopf, wenn ich das Wort ergriff, und rief mir zu, ich hätte keine Ahnung. Was immer ich an Argumenten vorbrachte: »Herr Gysi, Sie haben ja keine Ahnung!« Das war wie der berühmte Wassertropfen auf die immer gleiche Kopfstelle. Normalerweise weiß man erst hinterher, was man am treffendsten hätte entgegnen sollen, aber an diesem Abend traf der Punkt, da es mir reichte, mit einer Eingebung zusammen. Wieder ereiferte sich der CSU-Mann, und ich erwiderte ihm: Es könne durchaus sein, dass er weit mehr Ahnungen habe als ich, aber hier gehe es ja um Kenntnisse. Das saß. Der Saal lachte, der CSU-Mann war einige Minuten außer Gefecht gesetzt. Es ist so selten, dass zwischen Einzahl und Mehrzahl in der deutschen Sprache so ein Unterschied besteht wie bei der Ahnung und den Ahnungen.

Diese harsche, mich heftig attackierende Fernsehrunde überstand ich also ganz gut. Am nächsten Tag war ich im Eichsfeld, und das nicht zum ersten Mal. Besuche dort gehörten zu meinem Pflichtprogramm. Und sie bestätigten mich ganz besonders und intensiv in der Erfahrung: Geh in die Öffentlichkeit, hinterher wirst du wieder ein paar Beulen mehr im Gemüt haben! Es ging nicht fein zu, wo Mitglieder unserer Partei in den Ring traten, und fürs Eichsfeld traf das auf ganz spezielle Weise zu.

Diese thüringische Gegend war bereits zu DDR-Zeiten religionsdemografisch eine ausgeprägt katholische »Insel« gewesen. Hier triumphierte seit der Wende ungebremst der Affront gegen »meine« Partei, wie es dort oft hieß. Misstrauen steigerte sich hier besonders unverblümt zu offener Aggression. Hier wurde ich von aufgebrachten Leuten als Mörder tituliert und mit entsprechenden Plakaten konfrontiert. Ich kam mir vor wie jemand, der für alle Vergehen, Verfehlungen und Verbrechen der Partei gewordenen kommunistischen Bewegung zu büßen hatte. Scheinbar war ich überall dabei gewesen, trug sämtliche Schuld – und besaß nun auch noch die Frechheit, wieder aufzutreten und von Erneuerung des linken Geistes zu sprechen. Hinzu kamen die Vorwürfe zum Thema Staatssicherheit, die ja im Auftrag der SED handelte. Es hagelte Parolen der Verachtung und Verunglimpfung.

Wenn ich bedenke, dass ich damals kein Jahr ausließ, um dort politisch aufzutreten, so muss ich mich logischerweise fragen

lassen, warum ich mir das antat. War ich schon so unempfind-
lich mir selbst gegenüber geworden? Ließen mich Anwürfe kalt?
Bestimmt nicht. Vielleicht liegt die Antwort in dem, was mein
Fahrer damals einmal zutreffend zu mir sagte: Im Eichsfeld existieren kleine PDS-Gruppen, die spürten diesen Gegenwind andauernd und ausdauernd, während ich diesen Hass doch lediglich einmal im Jahr bei einer einzigen Veranstaltung ertragen
müsse. Er hatte recht.

Ja, ich empfand diese Reisen in unbequeme Gegenden als
peinigende, aber wichtige Schule der Relativierung. Sie galten
mir als notwendige, immer wieder neu zu lernende Lektion in
Realitätssinn. Die Politik mag ihren Rhetorik-Werkzeugkasten
haben, mit dem sie durch die Lande zieht – hier die schneidige
Breitseite, dort das Florett, hier den Dünnbrettbohrer, dort den
schweren Hammer. Dazu Polizei und Personenschutz als äuße-
rer Ausdruck einer beruhigenden Hülle, mit der man sich oft
genug durch die Wirklichkeit bewegt. Aber Konferenzräume,
Parlamente, Parteibüros und Vortragssäle sind immer auch Orte
abseits des Alltags. Man darf sie nicht mit dem Leben verwech-
seln, über das an diesen Stätten geredet, diskutiert, beraten und
auch entschieden wird. Die Realität spricht ihre eigene Sprache.
Wer als Politikerin oder Politiker den rauen, ungeschminkten
Wahrnehmungen aus dem Weg geht, verliert den Boden unter
den Füßen.

Bei einem meiner Auftritte im Eichsfeld stand etwa drei Meter
vor mir ein Mann und reckte mir anklagend ein Plakat entgegen:
»Diebe, Betrüger, Mörder, Totschläger«. Mir ist nicht ganz klar,
was mich in solchen Situationen dazu treibt, auf seltsame Weise
verbal aktiv zu werden; ignorieren und weitergehen wäre doch
weit passender. Aber vielleicht ist diese Art der Vorhaltung auch
etwas, was meine Rhetorik anstachelt und in Schwung hält: Mir
gelingt es nicht, mich herauszuhalten. Es gibt eine Sturheit, die
hat mit Stolz zu tun, mit dem Willen, nicht unterwürfig klein

beizugeben. Sie gibt einem mitunter auch Ideen für Repliken ein – während mir doch ansonsten meist, wie wohl vielen Menschen, erst hinterher einfällt, was ich hätte sagen sollen.

Jedenfalls wandte ich mich dem Mann mit dem Plakat zu und wies ihn darauf hin, er habe die Steigerungsform falsch gewählt. Mord sei schlimmer als Totschlag. Im nächsten Jahr, wenn ich wieder ins Eichsfeld käme, müsse er deshalb in richtiger Reihenfolge plakatieren: »Diebe, Betrüger, Totschläger, Mörder.« Er blieb leicht wütend stehen, und ich begann meine Rede.

Warum reagiere ich auf eine solche Weise? Ich kann nicht anders. Wie gesagt: Es ist mir peinlich, wenn ich mich wegducke und aus einer Konfrontation tatenlos herausdrehe. Außerdem will ich anders reagieren, als mein Gegenüber es erwartet: nicht aggressiv, sondern mit einer gewissen Logik.

Bei meinen Auftritten im Eichsfeld war ich auch in Worbis. Dort sollte ich im Kino sprechen. Oben auf dem Rang des Saales standen Kalikumpel, deren Jobs damals noch nicht gefährdet waren. Etwa zwanzig Kuhglocken wurden von da oben gegen mich geläutet. Meine Stimme zu erheben, hätte keinen Sinn gehabt, zumal mir keine verstärkende Tontechnik zur Verfügung stand. Mir blieb nur, minutenlang auf und ab zu gehen und mir anzuhören: »Stasi, Stasi, Stasi!« Es wollte kein Ende nehmen: dröhnende Kuhglocken und unablässig diese Rufe, mit denen die Partei gemeint war. Irgendwann schaute ich nach oben, und in einen Moment der Ruhe hinein sagte ich zu den Männern, sie hätten sich jetzt lang genug vorgestellt. Diese Frechheit verschlug ihnen die Sprache – und ich konnte endlich reden.

Einer dieser Männer, die da rumort hatten, kam nach dem Ende der Veranstaltung ziemlich forsch auf mich zu. Ich sah seine muskulösen Oberarme und dachte: Wenn der jetzt zuschlägt, werde ich das Krankenhaus lange nicht verlassen können. Er schlug nicht zu. Er bat um ein Autogramm, mit der Begründung, er teile zwar meine Auffassungen nicht, aber ich sei »rotzfrech«. Die Geschichte mit den Kuhglocken ist wohl bis heute in Worbis bekannt.

Der Zufall wollte es, dass ich nun eben auch einen Tag nach der beschriebenen TV-Sitzung auf dem *Heißen Stuhl* ins Eichsfeld fuhr – in Erwartung des Üblichen, gefasst auf Anwürfe und Beleidigungen. Doch nichts dergleichen geschah. Keine Chöre, keine Plakate, keine Transparente gegen mich weit und breit. Stattdessen wurde mir auf die Schulter geklopft: Ich solle so weitermachen, wie ich mich im Fernsehen gewehrt hatte.

In diesem Moment wurde mir klar, dass ich auf dem *Heißen Stuhl*, den offenbar viele Menschen gesehen hatten, als Vertreter der Ostdeutschen wahrgenommen und akzeptiert worden war – eine Wirkung, von der ich bis dahin nicht zu träumen gewagt hatte. Für mich war das ein dringend benötigter Moment der Ermutigung: Respekt zu erfahren, Anerkennung zu bekommen, jedenfalls im Osten. In den alten Bundesländern sollte das noch weit länger dauern.

13.
Aufmerksamkeit um jeden Preis?

Sie machen bei Griechenland Versailles,
die brauchen aber Marshall.

(Zu den Sparauflagen für Griechenland im Februar 2012)

Talkshows tragen ihren Namen zu Recht. Talk siedelt nahe beim Small Talk, und der Begriff »Show« mahnt die Unterhaltungspflicht an. Gesprächsrunden wären etwas anderes.

In meiner langjährigen Gesprächsreihe am Deutschen Theater Berlin hatte ich unter anderem auch Günter Gaus zu Gast. Wir unterhielten uns über Politik und Medien, und er sagte einen Satz, den er schon Mitte der Achtzigerjahre geäußert hatte. »Das Fernsehen wird obsiegen über die Voraussetzung unseres politischen Systems – die rationale Mündigkeit des Publikums.« Talkshows, die in Wahlkampfzeiten in sogenannten TV-Duellen gipfelten, nannte Gaus »pluralistischen Personenkult«.

Ja, am Verfall der Rhetorik haben in gewisser Hinsicht auch die Medien Schuld, insbesondere das Fernsehen und seine Dramatisierung des optischen Erscheinungsbildes. Wie viel Puder muss aufs Gesicht? Wie verteilen sich vor der Kamera Licht und Schatten? Wie günstig werde ich ins Bild gerückt? Um noch einmal einen Aphorismus von André Brie zu zitieren: »Nur die nackte Wahrheit geht nicht mit der Mode.« Ansonsten: Komm optisch gut rüber, dann giltst du schon als glaubwürdig. Das liegt an der allgemeinen Tendenz: Ansichten werden durch mediale Ansicht geprägt; Anschauung reduziert sich auf das, was viele sich so anschauen auf dem Bildschirm; Meinungsbildung ist das, was die Bilder meinen. Mitunter erschreckte mich früher die Brief-

Meinungsbildung ist das, was die Bilder meinen.

post nach Fernsehauftritten: nur wenige Bemerkungen zum Inhalt, aber zuhauf Kommentare zum Anzug, zum Sitz des Kragens und der Krawattenfarbe. Ich bemühte mich, das gelassen hinzunehmen; die Signale des Interesses sind eben vielfältig. Der Reiz der Oberfläche scheint etwas Überwältigendes zu haben. Inzwischen sind die Reaktionen inhaltlicher, differenzierter, begrüßend, nachdenklich – aber nach wie vor auch ablehnend.

Der Begriff »TV-Duell« zum Beispiel verweist schon darauf: Das klingt nach Drama und ist meist nur dessen Missbrauch. Was sich Duell nennen darf, ist doch oft genug auch nur ein Abtausch der geläufigen Argumente. Es geht kaum um den besseren Vorschlag. Das Wort »Duell« (inzwischen auch »Triell«) gilt lediglich in einem Sinne: Es geht um die Quotenerhöhung durch Reize. Aus Visionen wurde die zynische Tele-Vision: Zwischen Günther Jauchs *Wer wird Millionär?* und der Frage »Wer wird Bundeskanzler?« finden mediale Annäherungen statt, die ein demokratisches System auf fatale Weise »revolutionieren«. Fehlt bloß noch, dass Publikums- und Telefon-Joker zu Hilfsmechanismen von Wahlentscheidungen werden.

Soziale Teilhabe? Irgendwann werden Menschen nichts mehr zu verlieren haben als ihre Verkabelung. Gaus nannte das in unserem Gespräch im Deutschen Theater die »Industrialisierung des Bewusstseins«. Im September 2003 veröffentlichte er in der *Süddeutschen Zeitung* einen Artikel, in dem er mitteilte, warum er kein Demokrat im derzeit geltenden Sinne mehr sei: »(...) weil aus dem gesellschaftlichen Zusammenwirken von Wählern und Gewählten mehr und mehr eine Schauveranstaltung geworden ist. Stars, aus dem Fernsehen bekannt und ausgewählt nach dem Gelingen ihrer Auftritte, buhlen von Zeit zu Zeit um die Gunst des Publikums, das einst seinem Anspruch nach der demokratische Souverän gewesen ist. Unter Wahrung der demokratischen Formen ist der Inhalt dieses politischen Systems gegen wechselnde Events ausgetauscht worden. (...) Heute soll das souveräne Wahlvolk unterhalten werden; geübte Wahlkampfanimateure haben daraus die Lehre gezogen: Zerstreut es. Das Funktionieren einer Demokratie aber gründet sich auf die Bereitschaft des Souveräns, sich gelegentlich beim Gewinnen von Einsichten in das politische Tun und Lassen und dessen Konsequenzen anzustrengen.«

Günter Gaus habe ich deshalb etwas ausführlicher zitiert, weil seine Beobachtung den Kern trifft. Es ist nicht zu leugnen, dass die Verflachung der Politik in den Massenmedien das Publikum ein bisschen amüsiert, schließlich langweilt und dann abstumpft. Wir stellen es doch fest, wenn wir Zeitungen und Zeitschriften durchblättern: eine Spirale unablässiger Steigerungsformen. Aus Neugier wird ganz schnell Neu-Gier, und allen Beteiligten vor und hinter Kameras oder Mikrofonen treibt es den Schweiß auf die Stirn: Bin ich dran, bin ich drauf, bin ich topp, bin ich cool? Überall ein Hoch- und Abschießen von Menschen, Meinungen, Mentalitäten.

Um nicht missverstanden zu werden: Ich betreibe keine Journalistinnen- und Journalistenschelte. Die Bemerkung über Talkshows, an denen Fragende und Antwortende gleichermaßen beteiligt sind, zielt auf ein Grundmuster heutiger Gesprächskultur oder -unkultur. Und auch dies sei noch einmal wiederholt: Ich kann tatsächlich nicht leugnen, oft bis sehr oft medial präsent gewesen zu sein. Aber das ändert nichts an meinem zwiespältigen Urteil über das, was wir längst eine Mediengesellschaft nennen. Der Begriff offenbart den Glanz und das Elend dessen, was er bezeichnet. Auf der einen Seite die demokratische Durchsichtigkeit, die schnelle Information, der Überblick, der lehrreiche Durchblick, der offene Einblick, auf der anderen Seite aber das herzlose Aufreißen, das rücksichtslose Hineinleuchten

sowie der Ehrgeiz, unbedingt vorzukommen und besagte Aufmerksamkeit zu erreichen.

Es gibt keinen unmittelbaren Zusammenhang zwischen
einem Kanzler-Duell oder -Triell und der Flut nachmittäglicher
Talk-Shows, in denen das Private sich wie ein permanent explo-
dierender Sprengstoff in unsere Wahrnehmungsorgane hinein-
drängt. Aber: In solchen Shows gut wegzukommen, simuliert
Lebensgefühl. So wie Politikerinnen und Politiker sich beim
»Quote machen« schon als Macher empfinden, so holen sich alle
Protagonisten der »Beachtungsökonomie« jene Aufmerksamkeit, die anders nicht mehr zu erreichen ist, so der Sozialwissen-
schaftler Georg Franck in seinem Buch *Ökonomie der Aufmerksamkeit* (1998).

Aufmerksamkeit war immer ein hohes Gut. Es ist zur Ware
geworden. Jede und jeder will sie. Jede und jeder kämpft um sie.
Sie hat sich zum medialen Wert per se
entwickelt. Manche Leute sieht und hört
man auf allen Sendern; sie bevölkern die
Quizlandschaft, die einmal der (Mei-
nungs-)Bildung diente.

**Aufmerksamkeit hat
sich zum medialen
Wert per se entwickelt.**

Georg Franck prägte besagten Begriff vom »Kapitalismus der
Aufmerksamkeit«. In der Politik bedeutet das: den Aufstieg in
einer Partei unbedingt mit dem Reichtum an medialer Präsenz
verbinden zu müssen. Die größtmögliche Reichweite als Persön-
lichkeitsnachweis, der nicht mehr durch Leistung erbracht werden muss, sondern durch dauernde Anwesenheit im Fernsehen.
Man ist wer, weil man gesehen wird. Weil man immer wieder
eingeladen wird. Um im Gespräch zu bleiben, reicht es mitunter
schon, ins Gerede gekommen zu sein. Georg Franck schrieb:
»Die Reichen, die es auf den neuen Märkten zu etwas bringen,
sind reich an Beachtung. Die Armut der leer Ausgehenden ist
eine Armut an sozialer Anerkennung. Arm ist, wem es an Beachtung fehlt, um sein Selbstwertgefühl intakt zu halten.«

Eine Gesellschaft kann logischerweise nicht unbegrenzt viel Aufmerksamkeit vergeben. Die Sendeplätze sind, bei aller Ausbreitung des Mediengewerbes, begrenzt.

Also wird, wie auf anderen Kapitalmärkten, der Konkurrenzkampf härter. Immer mehr Inhalt muss wie Ballast abgeworfen werden. Immer mehr Sinn, der gedankliche Anstrengung voraussetzt, muss getilgt werden. Der Stimmungskern wird also von möglichst großem Leicht-Sinn bestimmt. Zerstreuung wurde zu einer furchtbaren Wahrheit. Weil man nicht mehr wirklich von Wert ergriffen sein kann, greift man auf vieles zu.

Um im Gespräch zu bleiben, reicht es schon, ins Gerede gekommen zu sein.

Nun kann ich keinesfalls sagen, ich befände mich außerhalb dieses Betriebes. Das hat seine Gründe, und die wiederum haben ihre Geschichte. Wobei ich zunächst sagen muss, dass ich keiner jener zahlreichen »Experten« bin, die im Fernsehen zu Wort kommen. Dass ich regelmäßig eingeladen wurde, geschah wohl auch wegen meiner, wie ich es immer ausdrücke, »generalistischen« Veranlagung. Ich bin nicht wirklich Spezialist für ein einzelnes politisches Gebiet, und mir ist das auch nicht unangenehm. Vor Expertinnen und Experten habe ich Respekt, aber sie erklären Sachverhalte oft zu kompliziert, zu detailliert, zu verzweigt. Weil sie genau sein wollen, da sie selbst tief im jeweiligen Zusammenhang stecken und nicht vereinfachen können. Ich dagegen erkläre gern ironisch, dass ich der Typ sei, der nichts weiß, aber über alles reden könne.

Als irgendwann einmal in Günther Jauchs ARD-Talkrunde am Sonntagabend das Thema kurzfristig geändert werden musste, wurden logischerweise auch die Teilnehmenden des TV-Streits ausgewechselt. Jauch entschuldigte sich beim Publikum vor Beginn der Sendung für den kurzfristigen Wechsel aller Gesprächspartner. Einer der Zuschauer warf ein, dass ich aber doch schon bei der ursprünglichen Zusammensetzung dabei gewesen sei.

Jauch bestätigte das und fügte hinzu: »Bei Gysi spielt ja auch das Thema keine Rolle!«

Nicht schlecht, Herr Jauch! Ironie lacht über das, was zu respektieren ist. Aber sie respektiert eben auch, worüber man lacht.

Es gibt im Fernsehen übrigens den Begriff der »Doppelquote«. Ich hatte in den Neunzigerjahren immer eine Doppelquote. Die besteht darin, dass einerseits natürlich diejenigen, die dich mögen, am Fernseher bleiben, wenn man zum Beispiel an einer Talkrunde teilnimmt. Zweitens beinhaltet sie aber, dass auch diejenigen nicht abschalten, die dich ablehnen, sondern ebenfalls dranbleiben – weil man offenbar auf eine Weise nervt, die ihren eigenen Reiz hat. Das ist es, was die Fernsehleute eine Doppelquote nennen: Zuneigung und Ablehnung können gleichermaßen Magnete sein.

Das Hauptproblem bei Auftritten im Fernsehen ist der Zeitdruck, der immer wiederkehrende Zwang zur Eineinhalb-Minuten-Sentenz. Auf den ersten Blick bedeutet die Kürze eines Statements, sich zu konzentrieren, nicht abzuschweifen. Aber es ist eben ein Unterschied, ob ich ein Statement abgebe oder argumentieren möchte. Bestimmte Sachverhalte entziehen sich der groben Verknappung.

Zum Beispiel wurde wiederholt behauptet, speziell in populistisch angelegten Boulevardmedien, die gesetzliche Rente Ost sei höher als die gesetzliche Rente West. Das ist Unsinn. Soll ich dagegenargumentieren, sage ich: Diese selbst ernannten »Statistiker« nehmen ein Ehepaar West und ein Ehepaar Ost. Typisch für den Westen ist, dass die Frau weniger Erwerbsarbeitszeit hatte, typisch für den Osten dagegen, dass beide Partner vierzig Jahre lang gearbeitet haben. Die beiden Ost-Renten ergeben somit eine höhere Summe. Das kriege ich in anderthalb Minuten noch hin.

Auch, dass es im Westen für nicht wenige mehrere Instrumente der Altersvorsorge gibt, nämlich neben der gesetzlichen

Rente etwa die Lebensversicherung und die Betriebsrenten. Letztere sind im Osten sämtlich gestrichen worden, und Lebensversicherungen in dieser Form gab es gar nicht. Das heißt: Während die Menschen im Osten ausschließlich mit der gesetzlichen Rente auskommen müssen, lebt ein Teil im Westen nicht nur von der gesetzlichen Rente, sondern noch von anderen Zuwendungen. Das ist schon komplizierter, kriege ich aber zur Not auch noch hin in neunzig Sekunden.

Für die Erklärung des entscheidenden Unterschiedes reichen die eineinhalb Minuten hingegen nie: Es gibt im Osten keine Pensionen. Das heißt übersetzt, dass im Osten Menschen eine gesetzliche Rente beziehen, die im Westen stattdessen eine Pension bekommen. Gern erwähne ich in diesem Zusammenhang den international renommierten Gerichtsmediziner Professor Otto Prokop. Der war Chef des Gerichtsmedizinischen Instituts der Charité. Bis zum Bundesverfassungsgericht klagte er sich durch und bekam eine relativ hohe Rente zugebilligt, aber eben als gesetzliche Rente. Im Westen bezöge ein Mann wie er eine hohe Pension. Deshalb funktioniert die Durchschnittsrechnung nicht: weil im Osten für diese Statistik eben auch Leute mit einer hohen Rente einbezogen werden, die im Westen Pension beziehen. Das heißt: Wenn ich überhaupt darangehe, einen Durchschnitt auszurechnen, müsste ich im Westen auch alle Pensionen in diese Rechnung mit einbeziehen. Das passt nicht mehr in anderthalb Minuten. Für alle drei Erklärungen, die doch etwas Zeit fordern, habe ich im Fernsehen nie genug Zeit – also keine Chance, einen wichtigen Zusammenhang umfassend genug zu argumentieren.

Das gewählte Beispiel mit der Rente lässt sich verallgemeinern: Etwas wird populistisch erklärt, und die Gegenargumente scheitern an der nötigen, aber unzulässigen Komprimierung. Auf diese Weise wird der Unwahrheit weiter der Weg geebnet. Die Eins-dreißig-Sentenz kann auf Dauer leicht dazu führen, dass man nur noch im Eins-dreißig-Format denken kann. Das ist ein bisschen wenig, auch in der Politik.

Es ist wie im Bundestag: Wenn man zu viele Jahre dort tätig ist, gerät man in Gefahr, die dortigen Drucksachen für das Leben zu halten. Schlimmer noch: Man fängt an, in der Sprache der Drucksachen zu denken und zu reden. Am schlimmsten aber ist, wenn man eines Tages aussieht wie eine Drucksache.

Am schlimmsten ist, wenn man eines Tages aussieht wie eine Drucksache.

Legendär wurde ein Interview mit Willy Brandt 1971 in der ARD. Ein Journalist befragte den Bundeskanzler nach dessen vorausgegangenem Treffen mit Frankreichs Staatschef Georges Pompidou. Weil für drei Fragen nur eine Sendezeit von einer Minute und dreißig Sekunden festgelegt worden war und Brandt daher angehalten wurde, kurz zu antworten, gab er sichtlich pikiert und durchgehend äußerst einsilbige Antworten: »Ja.« – »Doch.« – »Nein.« – »Ja.«

14.
Stil und Sonntagsreden

Wenn wir in einen westdeutschen Landtag einziehen,
verändern wir Deutschland,
wenn wir in Bayern einziehen,
verändern wir die Welt.

(Bei einer Rede zur bayerischen Landtagswahl
im Bayerischen Rundfunk im Juli 2008)

Wenn ich über die Reden nachdenke, die ich im Bundestag hielt, so gab es unwichtige und wichtige Themen. Mithin gab es auch unwichtige und wichtige Reden, wobei Letztere nicht automatisch gelungene Beiträge waren. Aber was ist eine gelungene Rede?

Der Dichter Peter Hacks hat gesagt, Stil sei die letzte Haltung. Daraus abzuleiten, nur eine stilvolle, sozusagen schöne Rede sei eine gute Rede, ist falsch. Überspitzt gesagt, den Moment der letzten Haltung sollte man in der Politik eigentlich verhindern. Politik sollte vorsorgen. Sie sollte nicht panisch und hektisch sein, sondern möglichst nur in produktivem Sinne beunruhigen. Alles schwer genug und meist kaum zu schaffen. Es geht bei uns nicht, wie in der Philosophie, um sogenannte letzte Fragen, sondern in den meisten Fällen um Fragen, die ganz oben auf der unmittelbaren Aufgabenliste stehen.

Politik sollte nur in produktivem Sinne beunruhigen.

Im Streit um die optimale Lösung gibt es anfeuernde Reden, aufmunternde, besänftigende, mutige, absichernde, überlegte, spontane, laute wie leise Reden. Wir kennen die überlegten und die polternden Reden, die gebrüllten und die wohlgesetzten, die spitzen und die geschwungenen. Die zahlreichen Nuancen der menschlichen Temperamente finden sich auch in der Art, wie Politikerinnen und Politiker ans jeweilige Pult oder überhaupt in die Öffentlichkeit treten.

Stil? Stillos und ungeordnet zu sein, kann die Kraft einer Rede deutlich schwächen. Aber nach Worten zu suchen, kann glaubwürdiger sein, als Gestanztes abzurufen.

Nach Worten zu suchen, kann glaubwürdiger sein, als Gestanztes abzurufen. Alles ist eine Gratwanderung, Rezepte existieren nicht. Suche ich nach Worten, weil ich schlecht vorbereitet bin oder weil Wahrheit grundsätzlich Suche ist? Wer die Wahrheit zu besitzen meint, muss nicht mehr in den Austausch mit anderen treten – und hat in der Regel schon versagt. Wer meint, die Wahrheit über die Gegenwart gepachtet zu haben, erfindet redend eine falsche Zukunft.

Stil? Kommt von innen, nicht vom Schreibtisch. Zuhörende besitzen ein Gefühl dafür, ob es aus dir spricht oder ob ein Ritualbeamter vor sie tritt. Sei du selbst! Das ist ja, wie wir aus dem Alltag wissen, das schwierigste Unterfangen des Lebens. Was einem da alles dazwischenkommt, was da alles stört und hereinbricht! Wer sich politisch äußert, tut es nicht privat. Man vertritt Interessen, bewegt sich in sehr konkreten gesellschaftlichen Konstellationen, muss verschiedenste Aspekte der Parteienlandschaft berücksichtigen. Das führt zum notwendigen wie elenden, zum hilfreichen wie hemmenden Procedere der Absicherung. Wenn es heißt, man feile an einer Rede, dann kann das heißen: ihre Kanten schärfen oder aber abschleifen, begradigen. Meistens heißt es beides.

Stil? Das ist also für mich nichts Äußerliches. Er muss ein Ausdruck der Ehrlichkeit, der Wahrhaftigkeit bleiben. Er darf nichts Aufgesetztes sein, um möglichst gut zu wirken und die eigene Bildung zur Schau zu tragen.

In keinem guten Ruf steht in dem Zusammenhang die sogenannte Sonntagsrede. Sie ist pure Feierlichkeit, die bewusst eine Distanz zur Wirklichkeit aufbaut. Wie der Sonntag eben so ist oder sein sollte: abgehoben, herausgehoben vom Alltag, Zeit für Muße und wohlverdienten Müßiggang. Der »verkaufsoffene Sonntag« macht dem traditionellen Sonntag mehr und mehr den Garaus, die Sonntagsrede aber hält sich. Dass sie keinen guten Leumund hat, ist ungerecht und steht im Widerspruch zu anderen Worten, in denen Sonntag vorkommt und Angenehmes meint: Sonntagsbraten, Sonntagswetter, Sonntagskind. Vielleicht alles etwas altmodisch, aber für Menschen, die in die Kirche gehen, hat ja auch die Sonntagsrede etwas Erhebendes.

Die Politik allerdings ist wirklich zur Verderberin eines guten Begriffs geworden: Die Sonntagsrede geriet nämlich zum Sinnbild der politischen Schönrednerei, der wortreichen, girlandenbesetzten Beschwichtigung. Bei der politischen Sonntagsrede feiert man sich rhetorisch in Erfolgen, wo die Realität doch ganz anders aussieht. Genau besehen, ist die Sonntagsrede zum Ausdruck für Lüge geworden. An geschichtlichen Gedenktagen beteuert man den Wert einer Mahnung, den Wert und die Lebendigkeit gezogener Lehren und Konsequenzen – dabei wird nicht selten mehr Positives herbeigeredet, als im gesellschaftlichen Leben erreicht ist.

Habe ich selbst denn auch sogenannte Sonntagsreden gehalten? Ja. Aber ich habe mich, soweit ich mich erinnern kann, möglichst bemüht, verbindlich zu bleiben und nicht zu überziehen. Ich rede, und die anderen schlafen – das war nie mein Ziel.

Mitunter wurde ich als Redner zu Jugendweihen eingeladen. Die weltliche »Begrüßungsfeier« an der Schwelle zum Erwachsensein. Oder besser: Erwachsenwerden. Abgeschlossen ist dieser Prozess nie, oder aber zu früh – wie man's nimmt. Sich Naivität zu bewahren, ist eine mühselige Arbeit gegen den Ansturm von Regel, Ordnung und Norm.

Jugendweihe: Sonntagvormittag, alle festlich angezogen. Die Vierzehnjährigen in erwartungsvoller Stimmung, aber wohl auch – wenn ich an meine eigene Jugendweihe denke – mit leisen Ahnungen einer gewissen Langeweile, wie sie gern von Veranstaltungen ausgeht, die Erwachsene für junge Leute ausrichten. Meine Vermutung, wenn man später nach Erinnerungen an diese Feier befragt wird: Man weiß noch, was man anhatte, was es für Geschenke gab, wie gründlich man am Sektglas nippte und welche Facetten die anschließende Party hatte. Aber wer auf der Feierstunde redete oder gar, was da gesagt wurde – null Erinnerung.

Natürlich denke ich daran, wenn ich der Bitte nachkomme, eine Jugendweihe-Rede zu halten. Verkrampfte Ideensuche hilft da nicht, man muss realistisch bleiben. Allerdings verlässt mich doch nie der Ehrgeiz, möglicher Langeweile etwas entgegenzusetzen. Gewöhnlich – und zu Recht – wird bei Jugendweihefeiern der neue Lebensabschnitt in hellen Farben geschildert und das Verantwortungsbewusstsein beschworen. Die Belehrung hat ihre Stunde, der gesetzte Ton seinen Resonanzraum: Weihe eben. Gern beginne ich bei diesen Anlässen sinngemäß mit dem Hinweis auf gestiegene Rechte und kontere das anschließend damit, dass von nun an das Strafgesetzbuch für die jungen Erwachsenen gilt und sie maximal zehn Jahre Freiheitsstrafe auferlegt bekommen können. Stöhnen, Murmeln im Saal. Wer so anfängt, ist sich der Wachheit der Zuhörerschaft gewiss. Die Köpfe bleiben oben. Da wird etwas angekündigt, das neugierig macht.

Das kleine Beispiel habe ich nur erwähnt, um die Schwierigkeit anzudeuten, die keiner Rednerin und keinem Redner erspart bleibt: Aufmerksamkeit erlangen zu müssen.

15.
Digitalisierung und Drucksachen

Wenn wir plötzlich viel Beifall
im Bundestag bekommen,
müssen wir anfangen, ernsthaft
über uns nachzudenken.

(Auf einem Parteitag der PDS im Januar 1995)

Längst leben wir im Zeitalter der sozialen Netzwerke und des digitalen Schriftverkehrs; es wird gemailt, gepostet, gestreamt und gezoomt. Was einst von Angesicht zu Angesicht besprochen oder in selbiges geworfen wurde, findet sich heute auf Facebook, Instagram, LinkedIn und TikTok – wir sind in beträchtlichen Ausmaßen veröffentlichte Wesen. Diese Transparenz bedeutet Erleichterung und Druck zugleich. Rasche und schrankenlose Erreichbarkeit ist eine fantastische Möglichkeit der Kommunikation, kann aber auch Fluch und Sucht werden.

Wir sind in beträchtlichen Ausmaßen veröffentlichte Wesen.

Die Mitteilung heute: Sie fasst sich in und achtet auf – Kürze. Jede Information steht fortwährend im Wettkampf mit ihresgleichen. Die Abstände zwischen Senden und Empfangen sind enorm geschrumpft – immer weniger Post geht auf einen Weg, der dauert. Briefkästen zeigen ihr Gelb schon wie eine Warnfarbe, die das baldige Verschwinden annonciert. Der Spannungsbogen beherrscht die Kultur der Zerstreuung, der Regenbogen immerhin gibt den wetterwendischen Himmel noch immer nicht auf. Doch der alte, klassische Briefbogen, der flattert, außerhalb amtlicher Funktionen, müde ins Vergessen.

Auf den handgeschriebenen Brief wird inzwischen geschaut wie auf ein Relikt. Er war ein besonderes Hand-Werk, er kostete die Stunde, die der Hast abgerungen werden wollte. Er übte einen gewissen Zwang zu Schönheit und Klugheit aus. Die Zeit, die man sich nahm, forderte eine Ruhe, die mit Ambitionen gefüllt sein wollte – wie sie das Drahtlose, das Digitale wahrscheinlich nicht kennt. Diese Form der Kommunikation ist eigentlich das Gegenteil von Gespräch.

Ein wenig abgekommen bin ich jetzt von Sprache und Politik. Und doch hat die Art des allgemeinen Umgangs miteinander ihren Einfluss darauf, wie im Politikbetrieb geredet wird. Wo Schnelligkeit vor Gründlichkeit kommt, wo die Personalisierung höher im Kurs steht als der Inhalt und wo das Entertainment mehr und mehr die Regie übernimmt, dort leidet in wachsendem Maße die Ernsthaftigkeit unserer ohnehin misstrauisch beäugten Sparte.

Wie sozial sind die sozialen Medien? Es ist sozial, die Möglichkeiten der demokratischen Mitsprache zu erweitern. Jeder kann per Klick mitreden, mitdiskutieren. Der Kommentar ist nicht mehr das Privileg einer journalistischen Elite, die allein über Mittel und Mechanismen der Meinungsverbreitung verfügte. Die Welt ist durch Digitalisierung durchsichtig geworden.

Einst gab es einen Zeitabstand zwischen einem Ereignis und der Nachricht davon. Information und Analysen benötigten Wegstrecken. Heute genügt ein Klick, und wir sind an Kriege angeschlossen. Wie soll man mit Bewertungen nachkommen, wenn wir die Dinge in verwirrender Direktheit unmittelbar, ungeordnet, simultan wahrnehmen? Tatsachen und fatale »alternative Fakten« schwirren durcheinander. Jede und jeder hat eine Ansicht zu Situationen, die kaum jemand wirklich durchschaut.

Manchmal denke ich, wir leben in einer Hölle der Optimierung. Jede und jeder und alles wird verwertet, und das möglichst schnell. Man tritt im Bundestag ans Rednerpult, das ist der eine Vorgang. Der andere: Während man redet, starren viele Abgeordnete auf ihr Handy. Viele sind irgendwie unkonzentriert, verteilen ihre

Wozu hinhören? Selten mal ein Reizwort am Rednerpult.

Aufmerksamkeit auf mehrere Dinge gleichzeitig. Das ist zur Gewohnheit geworden. Alles hält man für wichtig, damit auch uneingeschränkt sich selbst. Mit dem permanent aktivierten Smartphone zieht man auch im Plenum des Bundestages einen Kokon um sich. Man schaltet ein und schaltet sich dabei aus. Man hört nicht zu, hört aber die leisesten Klingeltöne des Handys. Was soll auch sein? Wozu hinhören? Selten mal ein Reizwort am Rednerpult.

Das Wort vom öffentlichen Verkehrsmittel, das einst Bus und Bahn kennzeichnete, es ist Wahrheit geworden. Heute meint es den ungehemmten Missbrauch von Bus und Bahn durch permanenten Smartphone-Betrieb. Die Differenz zwischen den Menschen verschwindet, und mit ihr mehr und mehr die Scham. Was sich »Freiheit der Wahl« nennt, ist auf andere Weise ein Zwang zur Uniformierung geworden. Was fortwährend als Sieg der Individualität gepriesen wird, ist deren Niederlage.

War die DDR uniformiert? Ja und nein. Der Druck des Staates und sein Kontrollzwang schufen auch zahlreiche Formen und Inseln des Individuellen und Non-Konformen. Und heute? Auf Wegen in die Büros: eine Armee der Einheitstypen, jede Innenstadt eine Kopie anderer Innenstädte. Wir leben in einer Zeit, in welcher der Eigensinn des Menschen, der vorwärtskommen will, in Gefahr steht, bald auf der Seite der Verlustanzeigen zu stehen.

Und: Die aus unterschiedlichen Perspektiven und Motiven betriebene Feier des »Ichs« führt neben neuem und notwendigem sozial-politischem Selbstbewusstsein auch zu neuer Egozentrik: So-

Auf Wegen durchs Netz sinken die Hemmschwellen.

ziale Medien reizen zu individualistischer Übersteigerung, am Ende auch zu ungebremster verbaler Unkontrolliertheit und Aggression. Auf Wegen durchs Netz sinken die Hemmschwellen.

Der bereits erwähnte Zeitdruck, dem Politikerinnen und Politiker ausgesetzt sind, bedrängt das Streben nach Qualität. Der Clip ersetzt längst das Ausführliche. Der Ehrgeiz zielt auf rasche Reaktion und promptes Urteil. Das Twittern stutzt Wortschätze. Man ist redend blitzschnell beim Publikum des eigenen Kreises, das genügt. Weil Menschen medial rund um die Uhr beworben, berieselt, belästigt, gelockt, geködert, bespaßt werden, muss es gelingen, möglichst rasch an die Gemüter anzudocken. Bestätigung ist da angenehmer und wirkt gefälliger als Polemik. Auch anstrengungsloser.

Der Clip ersetzt längst das Ausführliche.

Dass Politikerinnen und Politiker sich fortwährend mit Tweets und textlich sehr überschaubaren Statements zu Wort melden, mag auf der einen Seite unsere Mitteilungs- und Austauschenergie bestätigen. Andererseits aber steht alles Verkürzende in krassem Gegensatz zu jener bereits skizzierten Welt, die immer komplizierter und komplexer wird.

Ich stelle einen interessanten Widerspruch fest. Zu DDR-Zeiten bot der Marxismus-Leninismus eine klare, eindeutige Sicht auf Geschichte und Gegenwart. Das entlastete das Denken vieler. Es gab ihnen eine (scheinbar) verlässlich logische Orientierung und legte eine Schneise frei, von der gesagt wurde: Es ist die Hauptstraße der Weltgeschichte, und wir gehen darauf den gesicherten Weg in die Zukunft. Geistig, gesinnungsmäßig war das die Verheißung eines Paradieses der Gläubigen. Aber es wuchs die Zahl derer, die sich mit einfachen Weltbildern nicht mehr abfinden wollten. Heute nun sind die ideologischen Leitplanken eingerissen. Die gesamte Vielschichtigkeit der Welt, das Labyrinth der Prozesse und Entwicklungen bedrängen uns.

Der Lockreiz dieser Vielfalt bleibt. Er ist die Frucht des Mauerfalls. Aber: Er verunsichert auch. Und plötzlich wächst die Zahl derer, die sich nach einer erkennbaren, geordneten Welt sehnen.

Die Folge, grob gesagt: Was die einen früher von links wegtrieb, treibt heute andere nach rechts.

Die sozialen Medien unterstützen und beschleunigen diesen Prozess – nicht zuletzt auch, weil sie die von den klassischen Medien bereits eingeschlagenen Tendenzen vertiefen. Moral in den Medien zieht zu Felde gegen Gewalt, Unsittlichkeit und Verderbnis aller Art – deren mediales Ausschlachten aber vielfach erst die Voraussetzung schafft, sich moralisch echauffieren zu können. Immer enthemmter wird bedient, was sich öffentliches Interesse nennt. Die Folge ist eine wachsende Sensationslust dieser Öffentlichkeit – und die Lust macht bald vor nichts mehr halt. Weil ihr bald nichts mehr vorenthalten wird. Vieles ist Sprint und Schnelldurchlauf. Ich weiß, dass ich jetzt übertreibe, aber: Alles Gediegene, Durchdachte, Tieferlotende hat oft nur noch in Fachzeitschriften und zu TV-Zeiten weit jenseits der Primetime eine Chance. Das steht im Gegensatz zum Wesen der Politik, die verändern und reformieren will.

Als unbelehrbarer Zweckoptimist blicke ich dennoch unverdrossen auf die Vorteile der sozialen Medien und nehme das Wort »sozial« gewogen auf. Ich denke daran, wie schnell heutzutage Reden verbreitet werden können, die ansonsten lediglich ein paar Sparten-Zuschauer zur Kenntnis nähmen. Als Anwalt stelle ich allerdings auch fest, dass unser altes Medienrecht nicht mehr ausreicht. Zügig muss ein neues geschaffen werden, das die Realitäten in den sozialen Medien berücksichtigt.

Parteien haben etwas Fossiles an sich. Es mag jüngeren Generationen seltsam vorkommen, dass sie über Zukunft debattieren, während sie selbst keine mehr zu haben scheinen. Soziale Medien und andere Netzwerke sind die neuen, wuchtigen Instrumente der Verständigung und

Parteien haben etwas Fossiles an sich.

Analyse, sind Impulsgeber für Mobilisierung und Organisation geworden. Das spüren auch Presse, Fernsehen und Rundfunk.

Das Internet – wir sahen das bei den Großkundgebungen auf dem Tahrir-Platz in Kairo und überhaupt bei Protestbewegungen, ob in Russland, Belarus oder anderen Staaten – offenbarte sich als Sammelbecken für Appell und Gemeinschaft. Die Welt der Blogger und YouTuber ist kein mediales Paralleluniversum mehr; sie dringt kraftvoll in die Realität des herkömmlichen Politikbetriebes ein.

Millionen Klicks verbuchte zum Beispiel der YouTuber Rezo mit seinem Clip *Die Zerstörung der CDU* – eine ungezügelte, atemlose, auch verzweifelte Attacke gegen Korruption und Respektlosigkeit, Unwahrheit und Lebensferne in etablierten Parteienstrukturen. Dabei bediente er sich einer Rhetorik, die sich doch in erheblichem Maße unterscheidet, unterscheiden will, auch von dem, was politische Debatten und deren mediales Echo früher einmal ausgemacht hat. Mit ihrer furchtlosen Direktheit tragen die neuen Stimmen politische Kommunikation ins Private und umgekehrt: die private, in höchstem Maße individualisierte Meinungsäußerung in die Politik hinein. Gerade das führt dazu, dass so viele Menschen, vor allem junge, sich mit Absendern wie Rezo identifizieren. Wer sich als Politikerin oder Politiker hin und wieder in die Nähe der Wählerinnen und Wähler und womöglich sogar unter junge Menschen wagt, weiß, wie nahe die keineswegs polemikfreie, aber eben auch nicht gewohnt blutarme Rhetorik eines Rezo an viele Herzen jener Generation rührt, für die zu sprechen er sich entschieden hat:

»Ich werde in diesem Video zeigen, wie CDU-Leute lügen, wie ihnen grundsätzliche Kompetenzen für ihren Job fehlen, wie sie gegen deutliche Expertenmeinung Politik machen, wie sie sich augenscheinlich an verschiedenen Kriegsverbrechen beteiligen, wie sie Propaganda und Unwahrheiten gegen die junge Generation einsetzen, wie bei ihrer Politik die letzten Jahrzehnte die Reichen immer mehr gewinnen und alle anderen immer mehr ablosen, und ich zeige, dass nach der Expertenmeinung von Zigtausenden deutschen Wissenschaftlern die CDU aktuell unser Leben und unsere Zukunft zerstört.«

Und das tut er dann auch, in diesem millionenfach angeklickten Video – und zwar substanziell recherchiert und belegt. Uneitel ist das nicht, nein, weder im Antritt noch in der Formulierung. Wenn ich mit dieser Ankündigung im Bundestag ans Pult träte, herrschte schon Aufruhr, bevor ich überhaupt das erste Argument angeführt hätte. Aber welche politische Rhetorik, die in diesen Zeiten noch Aufmerksamkeit erlangt, ist denn überhaupt noch uneitel?

Ich will nicht sagen: »Der Erfolg gibt ihm recht.« Nicht einmal angesichts der Tatsache, dass *Die Zerstörung der CDU* das erfolgreichste deutsche YouTube-Video 2019 war. Das berichteten, gewiss nicht ganz ohne Zähneknirschen, die klassischen Medien. Doch Rezo ist ohne Zweifel etwas gelungen, das nicht zu verachten ist und auch mir den nötigen Respekt abringt: Er hat die CDU recht eindrücklich in Erklärungsnöte gebracht.

Leider jedoch ist in den sozialen Medien auch viel Unsinn und Gefährliches unterwegs – und das ist eine Gefahr für den politischen Diskurs, die sich täglich zu potenzieren scheint. Die Zahl derjenigen, die sich regelmäßig über Zeitungen und Zeitschriften aller Art informieren, sinkt. Auch die Fernsehzeit nimmt ab. Auf Facebook bewegen sich Millionen Menschen. Video-Dienste boomen. Sogenannte Influencer, also Beeinflusser, erweitern rasant ihre Reichweiten – und nicht alle bemühen sich dabei um eine sorgfältige Beweisführung für ihre Äußerungen.

Das gilt inzwischen allerdings auch für die offizielle politische Kommunikation. Der aus Donald Trumps Büro lancierte Begriff der »alternativen Fakten«, geprägt von seiner damaligen Sprecherin Kellyanne Conway, geht einher mit einer wachsenden Zahl von Fake-Accounts, weltweit propagierten Verschwörungstheorien und politikwerbenden Clips, denen es nicht um Wahrheit, sondern um Wirkung geht. Unweigerlich begleitet ist das alles aber auch von Manipulation, Gewalt und anderer gefährlicher Bewusstseinslenkung. Gefühlsaufladung geht vor Inhalt und sachlicher Information. Das belastet die traditionellen Auftrittsmuster im politischen Bereich.

Wie wird es gelingen, mit dem Leben der Menschen verbunden zu bleiben und zugleich den Mechanismen der sozialen Medien und ihrer wachsenden Bedeutung gerecht zu werden? Eine Antwort auf diese Frage habe ich nicht. Ehrlicherweise gestehe ich die Grenzen, die das Alter für das Verständnis völlig neuer Kommunikationswelten setzt, ein – mir selbst und Ihnen. Aber Parteiarbeit, die für die Zukunft gewappnet sein will, wird bis in die Basis hinein auch ein Feld der sozialen Medien werden müssen – oder wirkungslos bleiben.

Wird es in dieser neuen, politischen Welt weiter auf einzelne Personen ankommen? Bestimmt – aber ebenso auf die Qualität von Netzwerken, die weite Kreise ziehen. Der Druck auf die tonangebende Politik wird auch künftig auf die Straße führen. Aber er ist nicht mehr zu trennen von den Aktionen auf gänzlich neuen Nachrichtenkanälen.

Vielleicht haben Politikerinnen und Politiker nicht zuletzt deshalb an Resonanz verloren, weil die Gesellschaft – und die Opposition gegen das Bestehende – aus so vielen Segmenten, Parallelwelten besteht, die alle ihre gesonderte, getrennte Verständigungskultur besitzen? Einfach, so viel lässt sich festhalten, wird politische Rhetorik sicher auch in Zukunft nicht werden – so simpel sie manchmal daherkommen mag.

16.
Karnevalsorden und der Osten

Leute, die herausragen,
haben meistens etwas Besonderes.
Und das Besondere
ist meistens nicht sehr bequem.

(Aus der Dokumentation
Rosa Luxemburg bei 3sat im Dezember 2008)

Politik ist keine Unterhaltungssendung. Wo Politikerinnen und Politiker um mehr Resonanz werben, vor allem unter Jüngeren, greift man allerdings mehr und mehr zu Ausdrucksformen der Populärkultur. Das **Ich langweile mich** ist Bereicherung und Gefahr. Wenn ich **schnell, wo es dröge** hier lieber auf die Bereicherung zu spre- **zugeht.** chen komme, dann aus Verteidigungsgründen: Mir wird mitunter vorgeworfen, ich tendiere zum Entertainer. Erstens ist das falsch, weil es in meinen Augen eine Überschätzung meiner Fähigkeiten bedeutet. Aber zweitens schere ich gern aus dem Sitzungs- und Aktenalltag aus. Denn ich langweile mich schlichtweg schnell, wo es dröge zugeht.

Zur Bestätigung des Drögen genügt der Blick in die Nachrichtensender phoenix, WELT oder n-tv: Ausführungen, Einlassungen, Erörterungen. Statements, Pressekonferenzen, Gesprächsrunden. Die Fraktionen sitzen, Ausschüsse sitzen, Kommissionen sitzen. Andauernd und ausdauernd. Räte, Präsidien, Gremien aller Art: Alles sitzt. So geht der Betrieb. Und so scheint alles stillzustehen. Man betrachte sich die Aufenthaltsorte von uns Politikerinnen und Politikern: Gemeinplatz, Schleudersitz, Listenplatz, Regierungsbank, Hinterbank oder jene lange Bank, auf der die Probleme gehortet werden. Und unsere Lektüre erst! Akten, Rundschreiben, Vorlagen, Dossiers, Entwürfe, Positionspapiere, Bulletins, Resolutionen, Protokolle, Gutachten, Anfragen, Antworten, Anträge, Berichte, Richtlinien, Beschlüsse.

Schon die Aufzählung könnte manchen Politikinteressierten wohl von diesem Berufsfeld abschrecken. Mich schreckt sie heute noch. Verschont wurde ich zum Glück von dem, was auch unbedingt dazuzugehören scheint: der Ochsentour – einer langsamen, mühevollen politischen Laufbahn. Immerhin, ich bin gelernter Rinderzüchter, das kommt mir in der Politik gut zupass. Ich kann ausmisten, das ist eine politische Grundtätigkeit. Ich kann melken, also Steuern eintreiben. Ich kann künstlich besamen, also den Leuten was vorgaukeln, so, wie den Kühen ja ein erotisches Erlebnis vorgelogen wird. Und ich kann mit Hornochsen umgehen.

Neben dem Abitur den Beruf des Rinderzüchters erlernen zu müssen, hielt ich für absurd und überflüssig. Aber mein Vater meinte später, für diesen Facharbeiterbrief würde ich vielleicht mal dankbar sein: nämlich dann, wenn ich womöglich ins politische Exil müsse. Kein Land der Welt interessiere sich für einen Juristen aus der DDR, aber als Cowboy wäre ich überall gefragt.

Meine TV-Auftritte mit Harald Schmidt, etwa bei Jahresrückblicken, lassen keinesfalls das Urteil zu, ich verirrte mich auf fremdem Feld. Allerdings gestehe ich einmal mehr, dass ich Freude daran habe, neben meiner Tätigkeit als Politiker und Rechtsanwalt auch als Autor und Moderator zu agieren; die Erlaubnis dafür erteilen mir meine Ausdauer, meine Energie sowie die offenkundige Dehnbarkeit meines durchaus strapazierten Terminkalenders.

Anfang 2017 bekam ich in Aachen den »Orden wider den tierischen Ernst« des Karnevalsvereins. Die Stadt sucht jährlich eine Geeignete oder einen Geeigneten und fand ihn 2017 erstmals im Osten. Und dazu noch links! Die Auszeichnung nahm ich gern entgegen; nach wie vor bin ich dankbar für meine Fähigkeit, mit Humor schwierige Situationen zu ertragen, die ich anders kaum aushielte. Die Jury fasste ihre Begründung ein wenig optimistischer: »Gysi schafft es wie kaum ein anderer Politiker in Deutschland, die Menschen für politische Debatten zu faszinieren.«

Jahre zuvor wäre diese Ordens-Verleihung undenkbar gewesen. Wie viel war zu bestehen, um nunmehr durchs Faschingsblattgold gezogen werden zu dürfen. Für mich sind solche Auszeichnungen – etwa auch die »Goldene Henne« des Mitteldeutschen Rundfunks (MDR), die ich ein Jahr später erhielt – Mosaiksteinchen dessen, was ich die Veränderung des Zeitgeistes in Bezug auf meine Person nenne. Beide Ehrungen sind ein Ausdruck für die wachsende Akzeptanz eines Ostdeutschen und stehen damit symbolisch für eine längst fällige Korrektur in der Bewertung ostdeutscher Biografien. Man muss sich das vorstellen: Als ich bereits vor Jahren einmal als Gast der Ordensverleihung in Aachen beiwohnte, sagte der damalige FDP-Chef Guido Westerwelle zu mir: »Herr Gysi, wenn Sie nicht hier wären, wäre ich der Linkste im ganzen Saal.«

In meiner Dankesrede für den Aachener Orden sagte ich einen Satz, der in der Fernsehaufzeichnung fehlte. Natürlich nur aus Gründen der Länge, hieß es. Vor der Verleihung war ich in der *heute-show* des ZDF zu Gast gewesen. Und war ziemlich aufgeregt, das muss ich gestehen. Der Moderator Oliver Welke ist beeindruckend schnell. Ich fürchtete, mit seinem Reaktionstempo nicht mitzukommen. Die *heute-show* erwähne ich nur, weil zwischen Aufzeichnung und Sendung eine kurze halbe Stunde lag, diese kurze Frist aber den Redakteuren genügte, denselben Satz zu tilgen, der nun eben auch in Aachen keine Chance hatte. Der Satz lautete: »Ist Ihnen schon mal aufgefallen, dass bisher alle gefälschten Dissertationen aus dem Westen kamen?«

Als ein Jahr nach mir Ministerpräsident Winfried Kretschmann aus Baden-Württemberg den Orden »Wider den tierischen Ernst« bekam und ich die Laudatio auf ihn hielt, schmuggelte ich den Satz erneut hinein. Ich sagte, es gebe einen Satz von mir, der sei aus der *heute-show* und bei meiner Ordensrede nur aus

Gründen der Länge herausgeschnitten worden, »und deshalb werde ich den Satz, dass bisher alle gefälschten Dissertationen aus dem Westen kamen, heute nicht wiederholen«.

Friedrich Schiller sagte, nur der spielende Mensch sei wahrhaft Mensch. Sprache ist Arbeit, die zugleich Lust bleibt. Und selbstverständlich hat solche Lust Einfluss auf die politische Artikulation. Auch der sprechende Mensch ist ein spielender Mensch. Er spielt mit Haupt- und Nebensätzen, setzt ein Komma, um die Spannung zu erhöhen, setzt einen Punkt hin wie einen Sahnetupfer aufs Dessert und zu guter Letzt den Doppelpunkt: Der ist nach vorn hin offen.

Wenn ich nur an die dröge politische Sprache in der DDR denke! Doch am 4. November 1989 auf dem Alexanderplatz, bei der großen Kundgebung für Meinungsfreiheit, explodierten plötzlich die Ideen, politische Zusammenhänge zu grandios heiteren, witzigen schlagkräftigen Losungen zu verdichten. »Ich stehe hinter jeder Regierung, bei der man nicht sitzt, wenn man nicht hinter ihr steht«, stand auf einem der Transparente. »Radwege auch in Ostberlin«, hatte ein anderer geschrieben, und noch jemand forderte: »Asterix ins Politbüro«. Da muss man erst mal drauf kommen.

So etwas gibt es immer wieder: Der sogenannte Volksmund – oft nicht im besten Ruf stehend – kann verblüffend geistreich sein. Und manchmal ist er es bei Gelegenheiten, bei denen man überhaupt nicht damit rechnen würde. Ein Grund dafür könnte sein, dass der Volksmund in der Regel sehr genau weiß, an wen er seine Worte richtet – wie auch 1989 auf dem Alexanderplatz. Leider kann man dasselbe nicht immer über politische Absender sagen.

17.
Ein Parlament,
das laut denkt

Frau Kanzlerin, ich hatte im letzten Jahr
auch einen Skiunfall. Wir müssen
einfach beide lernen,
altersgerecht Sport zu treiben.

(Zu Angela Merkel,
die beim Langlauf gestürzt war, im Bundestag im Januar 2014)

Abgeordnete sollten vorrangig sprechen, um ihren Parteien eine entscheidende Kraft zu bewahren oder überhaupt erst zu geben: die Kraft, sich im Streit zu behaupten. Was bedeutet in diesem Zusammenhang ein Konsens, was sollte er sein? Im Idealfall: das Ergebnis einer Konzentration der Beteiligten. Er sollte nicht aussehen, als fielen Müde, Erlahmte ineinander. Konsens und Koalition sind keine Ruhepausen. Sie sind, nach einer Wahl etwa, anforderungsreiche Neubeginne.

Ein Konsens sollte nicht aussehen, als fielen Erlahmte ineinander.

Bei einer Rede im Bundestag muss ich mir – ähnlich wie vor Gericht – überlegen, an wen ich meine Worte adressiere: Spreche ich für die Abgeordneten oder für diejenigen, die möglicherweise vorm Fernseher sitzen oder am Radio? Ist das aber wirklich eine Entscheidungsfrage, wenn ich grundsätzlich davon ausgehe, bei mir selbst zu bleiben, mich nicht zu verstellen, nicht vordergründig zu kalkulieren? Ja, ist es – öffentliche Sprache bleibt, bei allem Wahrhaftigkeitsbemühen, immer auch Kalkül. Das Publikum entscheidet nicht unwesentlich über Tonlage und Argumentationsrichtung. Die Rede in einem Ausschuss ist etwas anderes als der Auftritt im Plenum oder bei einer Kundgebung.

Wenn ich im Plenum des Bundestages spreche, weiß ich natürlich, dass ich Don Quichote bin. Überall drehen sich Windmühlen. Aber mediale Übertragungen von Plenumsdebatten bergen dennoch eine Chance: gehört, vielleicht verstanden zu werden, und zwar von den Leuten, »an den Geräten draußen im Lande«, wie Martin Sonneborn von der Partei DIE PARTEI gern eine alte Radiokommentatoren-Floskel kolportiert.

»Draußen im Lande« – diese Metapher hat in der Politik einen vertrackten Beigeschmack von Wahrheit: Gesendet wird aus einem angenommenen Zentrum. Die Formulierung lässt an eine Insel denken, oder gar: an einen Bunker, an eine Isolierstation, an ein Hauptquartier. »Wir drinnen, ihr da draußen« ist die Devise. Das ist verräterische Sprache, wie zum Beispiel auch der Begriff »Umweltschutz«: ein Wort aus angemaßter herrschaftlicher Mitte.

Das Plenum des Bundestages ist allzu oft nur eine ziemlich festgefahrene Veranstaltung, bei der ein eingefahrenes rhetorisches Procedere vollzogen wird: routiniert die Anordnung der rednerischen Bausteine, abgehangen die polemischen Wallungen. Man redet meist nur in Richtung der eigenen Fraktion und holt sich nach jedem zweiten Satz den Beifall der »eigenen« Abgeordneten, als sei das vorher verabredet worden.

In seinem Buch *Das Hohe Haus. Ein Jahr im Parlament* stellte Roger Willemsen fest, dass die Reden im Bundestag »eine Beteiligung an Entscheidungsprozessen [simulieren], die längst abgeschlossen sind und es unter den bestehenden Machtverhältnissen auch bleiben. (...) Im Parlament gibt es kaum Fragen, die dem Informationsbedürfnis und nicht der Bloßstellung oder Polemik geschuldet sind oder als Gefälligkeitsfragen dem Redner der eigenen Fraktion die Ausbreitung seiner Standpunkte erleichtern.«

Der Schlagabtausch im Plenum ist rhetorisch eher ein hohles Ritual. Der Schlagabtausch im Plenum ist meines Erachtens zu viel Repräsentation und rhetorisch eher ein hohles Ritual (das sollte er am wenigsten sein!) und zugleich zu wenig als Teil des Wesentlichen erkennbar – der Sacharbeit nämlich. Das

Wort klingt nicht sehr attraktiv, und das muss es auch nicht. Allerdings kann ich für meinen Teil auch Sacharbeit nicht ohne Humor und Leichtigkeit betreiben. Ich weiß noch, es ging im Bundestag um die Privatisierung von Bundesstraßen, da bin ich ans Pult getreten und habe dem damaligen Bundesfinanzminister gedroht: »Herr Schäuble, ich habe gehört, dass Sie vorhaben, die Bundesstraßen zu privatisieren. Ich muss Ihnen für diesen Fall drohen.«

»Drohen« – das ist ein ganz wichtiges Wort im Plenum. Es ist ein Weckruf. Sofort horchen alle auf und heben den Blick für einen Moment von ihren Smartphones. Der Gysi droht dem Schäuble? Jetzt wird's interessant.

Ich habe ihm also gedroht. Ich sagte: Wenn der Bund die Bundesstraßen privatisiert, werden die Länder die Landesstraßen privatisieren, die Kommunen die Kommunalstraßen – alle brauchen ja Geld. Aus dem »Gemaute« kämen wir gar nicht mehr heraus. Die Drohung: »Wenn Sie das durchsetzen, Herr Minister, werde ich mir die größte Mühe geben, die Straße zu kaufen, in der Sie wohnen. Und das hat zwei Folgen. Die eine ist: Wenn Sie nach Hause wollen, wird das sehr teuer für Sie. Und die zweite Folge: Es wird Ihnen grottenpeinlich sein – es ist ja meine Straße, ich entscheide, wie sie heißt –, wenn Sie überall angeben müssen, sie wohnten ›Zum Gysi Nummer 1‹.«

Bald nach meiner Rede wurde bereits die Grafik eines Straßenschilds ins Internet gestellt: »Zum Gysi«. Von einer Frau bekam ich einen Brief, sie würde sofort dahinziehen, denn in Wahrheit erhöbe ich bestimmt nur eine sehr niedrige Mautgebühr.

Das wär's doch: ein Parlament, in dem man wirklich aneinander interessiert ist.

Wenn ich ans Pult trete, rede ich überwiegend zu den Abgeordneten anderer Parteien. Dass ich sie wirklich erreiche, bilde ich mir nicht ein, aber die Illusion schwingt trotzdem mit. Diesen vergeblichen Ehrgeiz gestehe ich gern. Das wär's doch: ein Parlament, in dem man wirklich aneinander interessiert ist. In dem der Widerspruch erwünscht ist, weil er einen selbst auf den nächsten, besseren Gedanken bringt. Ein Parlament, dem man die Neugierde der Regierenden auf die Vorschläge der Opponierenden anmerkt. Ein Parlament, in dem die Regierenden die Opposition herausfordern und nicht langweilen. Ein Parlament, das aufgrund der politischen Kräfteverhältnisse nicht nur der begleitmusikalische Apparat zum Abnicken der Regierungsarbeit ist, sondern ein wahrhaft diskutierendes, streitendes, Korrektur- und Änderungskraft besitzendes Gremium. Ein Parlament, das laut denkt.

Bei Debatten im Plenum bin ich in der Regel nicht der erste Redner, also muss ich meist auf Vorrednerinnen und Vorredner reagieren. Muss? Ich kann, ich will es. Reden ist demokratisches Verhalten, indem es – im Idealfall – weitere Reden anstößt, hervorbringt, nötig macht. So wie Freiheit kein Zustand ist, sondern eine Bewegung, also mit Risiken verbunden, so ist auch Reden Teil eines Prozesses – von Veränderungen, von Vorstößen, von Rückbesinnungen auch. Wer spricht, sollte seinen Willen ankündigen, auch zuhören zu wollen. Standpunkte, so klar sie formuliert werden, haben nur dann Sinn, wenn sie Belege der Vorläufigkeit sind. Die Dinge sind genau so, wie ich sie sehe? Natürlich! Natürlich nicht!

Reden ist demokratisches Verhalten, indem es weitere Reden nötig macht.

Dass ich ungern zu den eigenen Leuten rede, wenn ich im Bundestag ans Pult trete, hat vor allem einen praktischen Aspekt: Es gilt, den Beifall aus dem eigenen Block vor dem Ende einer Rede weitestgehend zu reduzieren. Jede Sekunde Applaus, die mich unterbricht, stiehlt mir Redezeit.

In dem Zusammenhang denke ich an die kleinen Plänkeleien mit dem einstigen Bundestagspräsidenten Norbert Lammert. Er ist konservativ, gelegentlich vielleicht sogar erzkonservativ. Er ist aber auch liberal, tolerant und schätzt den Rechtsstaat. Der CDU-Politiker behauptete stets die Eigenständigkeit des Parlaments auch gegenüber der Bundesregierung.

Immer wieder gab es heiteren Streit zwischen uns – wegen der Redezeiten. Einmal ermahnte er mich, zum Schluss zu kommen. Ich war gerade in Fahrt und sagte, ich verstünde das nicht: Bei mir vergingen die zur Verfügung stehenden Minuten wie im Fluge, während mir bei anderen Rednerinnen und Rednern die gleiche Redezeit wie eine Ewigkeit vorkäme. Der zur Neutralität verpflichtete Lammert reagierte, wie er gar nicht hätte reagieren dürfen. Er sagte: »Das stimmt.« Wegen des Problems der Redezeit kündigte ich an, ihm zum Geburtstag eine neue Uhr zu schenken. Er verwies mich darauf, die Wertgrenze des Geschenks nicht zu überschreiten, weil er sonst eine Genehmigung vom Bundestagspräsidenten einholen müsse. Tatsächlich bekam er von mir zum 65. Geburtstag eine Uhr geschenkt, und zwar eine, auf der die Zeiger nach links wandern.

Jede Sekunde Applaus, die mich unterbricht, stiehlt mir Redezeit.

Noch schlimmer als die Humorlosigkeit ist das Überraschungslose des gesamten Betriebes.

Bei einem Gesetzentwurf etwa sagen alle im Plenarsaal ihre Meinung, und natürlich hat aus Sicht der Koalition die Koalition recht, und alle anderen haben unrecht. Ein langweiliger Ritus. Das ändert sich erst in den Ausschusssitzungen, vor allem im federführenden Ausschuss, der dann die letzte Fassung eines jeweiligen Gesetzentwurfes erstellt. Da sind keine Medien zugelassen, die ansonsten mit Argusaugen alles beobachten. Niemand im Ausschuss muss Wirkung nach außen erzielen. Deshalb werden plötzlich Argumente ernst genommen, die im Plenum abgebürstet wurden. Noch nie ist – außer natürlich bei völkerrechtlichen Verträgen – ein Gesetz so verabschiedet worden, wie es zu Beginn eingebracht wurde. Das heißt, du musst Wert legen auf die Sacharbeit in den Ausschüssen.

Unter der erwähnten medialen Dauerbeobachtung zu stehen, erfüllt einen berechtigten Anspruch der Öffentlichkeit. Dieser Druck auf die Politik ist wesentlicher Teil demokratischer Prozesse. Er hat aber auch etwas in Gang gesetzt, das ich kritisch sehe, weil es sich auf den Verlauf und die Konstruktivität politischer Debatten und Verhandlungsprozesse auswirkt. Schier jede Sitzung der Parteien, wo und wann auch immer, ist inzwischen transparent. Fortwährend muss man innerhalb des Gremiums damit rechnen, dass etwas nach draußen dringt. Die Türen mögen verschlossen sein, die feinen Informationskanäle aber bleiben im Fluss. Der bereits skizzierte Mail- und Kurznachrichten-Betrieb kennt keine Ruhe. Überspitzt könnte man sagen: Geheimhaltung in bestimmten Sitzungen ist ein Vorschlag, aber keinesfalls ein Gebot, und die Regel schon gar nicht mehr. Heutzutage hat jeder Mensch im Prinzip sein eigenes Studio in der Tasche: Kamera, Mikrofon, Schnitt- und andere Bearbeitungstechnik.

Die furchtbare Vokabel, mit der diese Vorkommnisse beschrieben werden, spricht schon für sich: Was eigentlich vertraulich bleiben soll, wird »durchgestochen«. Klingt wie ein Tötungsverfahren, es ist ein Tötungsverfahren. Denn wieder stirbt: Vertrauen. Öffentlichkeit dringt durch alle Ritzen aller Räume. Jede Sitzung hat einen Liveticker. Der geschützte Raum ist längst in großer Gefahr. Das hat Folgen für die Sprache der Politik. Denn es beeinflusst, wie man redet und was man redet. Man verhält sich zensiert. Und diejenigen, die gern denunzieren, vergessen, dass es auch ihnen passieren kann – worauf sie dann regelmäßig besonders empört reagieren.

18.
Wer die Wahl hat,
hat die – Plakate

**Ein Vierteljahrhundert
nach dem Beitritt der DDR zur BRD
verläuft in Deutschland noch immer
eine Grenze, nämlich zwischen unten und oben.**

*(Zum 25. Jahrestag der Vereinigung,
im Kurznachrichtendienst Twitter im Oktober 2015)*

Wenn Politikerinnen und Politiker für ein Amt kandidieren, sind sie redend ganz und gar nicht jene, die später Macht ausüben. Die Energie, etwas anzustreben, setzt andere Kräfte frei als der Zustand, etwas errungen zu haben. Machtfülle verändert das Wesen wohl jedes Menschen. Eine Kandidatin oder ein Kandidat wirkt offener als eine Siegerin oder ein Sieger, die oder den dann die Mechanismen eines großen Apparates schützen, aber auch fesseln.

Es gibt nicht nur die Rhetorik, die sich aufs gesprochene Wort bezieht; es existiert auch die Sprache der Bilder. Letztere sind eine Macht geworden. Sie beherrschen, sie umzingeln, sie unterwandern, sie überwältigen uns. Überall Signale, Piktogramme, grelle Anzeigen. Wir leben in einer Zeit der optischen Angriffe. Durch das Tablet ist die Erde wieder zur Scheibe geworden. Die Horizonte öffnen sich durch einen Mausklick, einen Fingerzeig nur noch. Uns gehen die Augen über, aber eben leider auch vor lauter Zeug, das wir gar nicht sehen wollen. Große Lettern, schnelle filmische Schnitte, bei jeder Gelegenheit die bunteste Ausmalung. Die künstliche Überreizung steht höher im Kurs als der natürliche Reiz.

Plakate – und jedes andere, neudeutsch: »Visual« jedweder Art – sind ein gutes Stichwort. Auch ein leidiges. In kommunalen oder überregionalen Wahlkämpfen hetzen Politikerinnen und Politiker von Termin zu Termin. Wir sind Versklavte unseres Kalenders, den andere bestimmen. Einerseits haben wir überhaupt keine Zeit, andererseits hängen wir überall rum: auf Plakaten nämlich, an Bäumen, Laternenpfählen und Wänden. Über Nacht geschieht das; die Pappen mit unseren Köpfen drängen sich plötzlich in jeden Blick. Wohlgefühlt habe ich mich in diesen routinierten, sterilen Kampagnen nie: das geschönte Konterfei zur landläufigen These. Aufhübschung für den Gemeinplatz – wo kein Mensch lebt. Ich habe mich schon immer gefragt, was das Ganze soll, wen es wohl überzeugen könnte auf unserem Gang durch den Alltag, ob auch nur eine Winzigkeit positiver Wirkung von diesen Plakaten ausginge.

Zur ersten freien Volkskammerwahl im März 1990 hatten wir André Brie zum Wahlkampfleiter berufen: einen scharfen, klugen Denker, der zugleich Aphoristiker war, also ein Mann, der Dinge intelligent auf den Punkt bringen und Pointen entwickeln konnte. Aber Wahlkampf ist eben auch Ritual und eingeübte Technik. Also war vorgesehen, von mir wie von den Spitzenkandidatinnen und -kandidaten aller Parteien ein Fotoplakat zu fertigen. Sofort dachte ich an das, was wir in der DDR doch eben erst hinter uns gelassen hatten: Fotos von Erich Honecker in jedem sonst eher kärglich ausgestatteten Gemüse- und Schuhgeschäft. Der Parteichef als obligatorischer Ladenhüter. Und jetzt redeten wir von Erneuerung, und überall sollte ausgerechnet ich die Leute anlächeln? Im Klein- und – noch schlimmer – im Großformat? Nie und nimmer, lehnte ich kategorisch ab.

In jenen Tagen des Wahlkampfes fuhr ich durch Berlin und sah, dass die Stadt vollgeklebt war mit Plakaten des CDU-Kandidaten Lothar de Maizière. Natürlich hatte sein Konterfei sehr schnell jenes Schicksal ereilt, dem alle Plakate ausgesetzt sind: zerkratzt, mit derben Malereien verunstaltet, eingerissen. Das Elend der Respektlosigkeit hatte umgehend zugeschlagen. Volkskunst mag es manchmal grob. Ich bin kein schadenfroher Mensch, aber in dem Moment musste ich doch schmunzeln. Ich konnte mich nicht beherrschen und rief Lothar an. Ironisch gefärbt drückte ich mein Mitgefühl aus und kommentierte: Tja, so etwas komme eben von so etwas! Wer sich auf Fotoplakate einließe, müsse eben mit Volkes – im wahren Sinn des Wortes – unverblümter Meinung rechnen. Er murmelte undeutlich eine Entgegnung, aus der ich heraushörte, dass er mir recht gab.

Tags darauf fuhr ich wieder durch Berlin und traute meinen Augen nicht. Wohin ich auch blickte: Ich war entsetzt. Überall hingen Plakate mit meinem Foto. Meine Partei galt vielen Menschen noch als unmittelbare Fortsetzung der SED. Demzufolge ließ man die angestaute Wut auch an den Gysi-Plakaten aus. Sie waren noch weitaus schlimmer beschmiert und verwüstet als etwa die von Lothar de Maizière.

Wie sich herausstellte, hatte sich André Brie schlichtweg über mein persönliches Bilderverbot hinweggesetzt, nach dem Prinzip: Gysi hat keine Ahnung von den Grundgesetzen der Wahlwerbung. So hing ich nun also besudelt und geschändet überall im Stadtbild. Als ich an jenem Tag ins Büro kam, hatte ich kaum das Zimmer betreten – ich glaube, ich hatte mich noch nicht einmal hingesetzt –, da klingelte schon das Telefon. Lothar de Maizière war dran. Ich kam nicht zu Wort und wusste auch gar nicht, was ich hätte sagen sollen. Ich hörte zu und sah bei jedem Wort, das er sagte, sein Lächeln der Genugtuung vor mir.

Diese Episode gehört eher zu den Beiläufigkeiten aus dem Politikbetrieb, und doch führt auch sie zu einer Grundfrage: Wie verhalten sich Sein und Schein zueinander? Welches Bild von uns verbreiten wir in der Öffentlichkeit? Bleiben wir bei Wahlplakaten: Sie können durchaus treffend das Problem illustrieren. Sie kosten Geld und Aufwand, sie verkörpern eine bestimmte Kultur. Wer sie ernst nimmt, kann doch nur den Kopf schütteln: getrimmte, geschönte Gesichter, die unter dem Versuch, Individualität und Parteiprogramm in ein Bild zu zwingen, einen Eindruck von Norm und Lüge hinterlassen. Und wer diese Plakate nicht ernst nimmt, kann doch nur an der Intelligenz derer zweifeln, die sich in turnusmäßigen Abständen immer wieder auf so eine Technik der Sichtwerbung einlassen – und all die anderen Formen von Bild und Bewegtbild, die inzwischen hinzugekommen sind.

Wobei ich nicht ungerecht sein will: Das Gros unserer Plakate bei jener ersten freien Volkskammerwahl erfüllte seinen Zweck effektiv, wie später auch der Werbespot im Fernsehen. Dessen Pointe bestand darin, dass ich in einer Wahlkabine stand und die Zuschauerinnen und Zuschauer direkt ansprach: »Trauen Sie sich doch einfach, es sieht ja keiner.« Dieser Satz trug der Tatsache Rechnung, dass schon ein bisschen Mut dazu gehörte, die PDS zu wählen. Doch die Garantie der geheimen Wahl schützte ja vor einer »Enthüllung«.

Bei der Bundestagswahl 2021 lautete der Spruch auf den Wahlplakaten in meinem Wahlkreis übrigens: »... 'tschuldigung, brauch mal wieder Ihre Erststimme«. Keine weit ausholende politische Forderung. Keine Agitation. Manchmal darf man selbstbewusst davon ausgehen, dass die Leute einen kennen. Dass sie wissen, was man denkt und tut. Dennoch ist es nicht selbstverständlich, dass man gewählt wird. Das politische und wahltechnisch bedingte Herantreten an die Menschen bleibt eine Störung; man behelligt sie. Daher mein augenzwinkerndes »... 'tschuldigung«.

Wenn ich Menschen anspreche, möchte ich nicht belehren, nicht propagieren, nicht mit Parolen prunken oder protzen, ich möchte Nähe – aber ohne Anbiederung. Zum Selbstbewusstsein, sich zur Wahl zu stellen, gehört für mich das Wissen darum, dass mir das alles nichts nützt, wenn die Wähler und Wählerinnen nicht wollen. Man kann noch so viel Energie auf so einem Plakat ausstrahlen, man bleibt abhängig von der Gunst anderer.

Warum dennoch Wahlplakate? André Brie sagte mir: Wahlplakate brächten keine einzige Stimme, aber keine Plakate kosteten viele. Dass Wahlen stattfinden, erfahren die Menschen auch ohne Plakate, aber sie steigern durchaus die Aufmerksamkeit. Welche Parteien überhaupt und mit welchen Parolen sie antreten, ist in der Bevölkerung nicht durchgängig bekannt. Wenn ich kein Plakat gehabt hätte, hätten also die meisten nicht gewusst, dass ich kandidiere – und sich in der Wahlkabine zu informieren, ist gemeinhin zu spät. Die Entscheidung muss bereits vorher getroffen werden.

Das traurigste Bild jedes Wahlkampfes sind die Plakate und Losungen am Morgen nach der Entscheidung der Wähler. Alles nur noch Müll und Makulatur. Der Abfall ist auch eine Wahrheit der Werbung.

Der Abfall ist auch eine Wahrheit der Werbung.

Der Wahlkampf steht für mich sinnbildlich für die Erfahrung aller nervösen Phasen des politischen Lebens, wie sie speziell bei Wahlen hervorbrechen: Die Erhitzungen verblassen zuerst. Der Alltag kehrt zurück und nimmt sich seinen alten Raum, wie die Natur sich Gelände zurückholt, das ihr einst entrissen und in Häuser, Städte, ja scheinbar unzerstörbare Reiche verwandelt wurde. Aber war es 2021 nicht merkwürdig? Olaf Scholz, der Kandidat der SPD, kam aus einer hier und da eher belächelten Unauffälligkeit und steigerte sich – plötzlich – zum Favoriten der Vorhersagen.

Hier soll es jetzt überhaupt nicht um die Einschätzung der SPD oder um die Bewertung von Scholz' Intentionen gehen. Mich treibt der Verlauf der letzten Wochen jenes Wahlkampfes zu einem anderen Gedanken: Erwartet wird gerade in heißen Wahlkampfabschnitten die Explosion, das Mitreißende, der Schwung, das Zupackende – so, wie wir es in der Mediengesellschaft gewohnt sind. Aber was Scholz bot, war das Bewegungsarme, das Ruhigbleiben, das Scheue fast. Der erfolgreiche Schweiger! Als glitte von ihm etwas ab, das ansonsten unser Leben in Trab hält. Andere redeten und lächelten sich um Kopf und Kragen; er stieg still auf. Vielleicht mögen inzwischen immer mehr Menschen das scheinbar Einfache, das Unspektakuläre.

Nimmt man es nicht politisch, sondern wahrlich nur medienpsychologisch, dann trat da jemand bewusst aus dem Gewohnheitskreis von Trubel, verfrühtem Siegestanz und aufgedrehter Laune heraus – und blieb stattdessen so gedämpft wie immer. Was bis dahin von Marketingexpertinnen und -experten und bestimmt auch vielen in der Wählerschaft eher als Makel angesehen wurde, als störende Farblosigkeit, bekam mit einem Male etwas unerwartet und also überraschend Exklusives, wegen der Erfüllung einer allgemein wachsenden Sehnsucht nach Beruhigung, einem ruhigeren Atem fern von Hatz und Hast. Wo uns Buntheit plagt und nervt, gewinnt das Grau gegenüber jedweder Art von Glamour plötzlich eine merkwürdige Attraktivität. Man kann diese nicht steuerbare Umkehrung von scheinbar feststehenden Quotengesetzen in allen Bereichen des gesellschaftlichen Lebens entdecken: Die Feier des Prunks kippt ganz schnell in ein Fest des scheinbar Profanen.

Wir Politikerinnen und Politiker stecken nun mal im Dilemma, Wirkung zu erzielen, ohne die Sacharbeit in einen Zirkus zu verwandeln, und Sacharbeit zu betreiben, ohne dabei unsichtbar, also wirkungsfrei zu bleiben. Nie vollzieht sich etwas in Balance, stets bewegt sich alles eher in Extremen. Erscheint heute ein verkaufsträchtiges Buch über die nutzbringenden Folgen von Freizeitsport, folgt morgen die ebenso marktfähige Theorie von der gesundheitsfördernden Kraft, die von Hängematten ausgeht. Dem Postulat der strengen Erziehung schließt sich die Empfehlung an, einem Kinde die völlige Freiheit zu gewähren. Die Linie entsteht im Zickzack. Noch einmal: Angehenden Politikerinnen und Politikern kann man nur zur Vorsicht vor Marketingspezialisten raten.

Angehenden Politikerinnen und Politikern kann man nur zur Vorsicht vor Marketingspezialisten raten.

Wenn wir gestanzt sprechen, erregen wir bei aufmerksamer Zuhörerschaft den Verdacht, dass sich unsere mangelnde sprachliche Ausdruckskraft automatisch auf unser Handlungsvermögen übertragen lässt. Beim zynischen Blick auf unseren Betrieb liegt immer mal wieder die Assoziation zum Theater nahe: Die Rollen sind verteilt; das Stück langweilt; die Inszenierung lässt vom Blatt spielen, das alle vor den Mund nehmen. Aber damit sind wir bei einem der größten verbalen Missgriffe: Immer wieder wird behauptet, Politikerinnen und Politiker seien Schauspielerinnen und Schauspieler. Welch ein Ton der Verachtung liegt in dieser Charakterisierung. Aber vor allem: wie viel an kulturellem Banausentum.

Max Reinhardt, der große Regisseur des Berliner Theaters, bezeichnete als Kern der Schauspielkunst die Fähigkeit, wesentlich zu werden – also nicht Verstellung, sondern Offenlegung zu betreiben. Die Maske ist nur das Hilfsmittel, hinter dem Schauspielende so wunderbar wie gnadenlos, also ungeschminkt des Menschen Kern präsentieren. Verwandlung heißt, Verwandtschaften deutlich zu machen. Die Behauptung muss gewagt werden: Wer sich nur gut verstellen kann, aus dem wird nur eine mittelmäßige Schauspielerin oder nur ein mittelmäßiger Schauspieler. Zum guten Schauspiel führen einzig der Mut, die eigenen Unsicherheiten, das eigene Anfechtbare. Die ganz Großen sind immer wieder anders und bleiben doch stets sie selbst.

Muss man jetzt noch über den Unterschied zur Politik reden?

Dort herrscht, um Profil zu bilden, eine Marketingstrategie, die schleift, glättet, einebnet. Maskierung als Versteck. Da wird etwas zur Schau gestellt, was eingängig wirken soll. Das ist aber das Gegenteil von Schauspiel. Es ist auch das Gegenteil von Theater. Es ist nicht einmal Zirkus. Denn nichts, so hat man den Eindruck gerade auf Wahlplakaten, darf eine Politikerin oder ein Politiker weniger sein als authentisch. Das senkt sofort ihre oder seine Werte für Kompatibilität. Sie oder er muss doch aber das

Produkt sein, das möglichst allen gefallen soll. Deshalb sind Medienberaterinnen und -berater sowie alle Schminkkunst oft nur traurige Arbeit am Paradoxon: Sie produzieren Individualisten – aber von der Stange.

Ist das Reden erlernbar? Man darf es wohl sehr einfach sagen: Bestimmte Dinge kann man, bestimmte Dinge kann man nicht. Um Goethe zu kolportieren: Was man nicht erfühlt, wird man nicht erjagen können. Logischerweise haben heutzutage Trainer für öffentliches Auftreten Hochjunktur, denn das »perfekte« Auftreten entscheidet mehr und mehr über die Beurteilung eines Menschen. Soll man auf Bewerbungsfotos lächeln oder ernst blicken? Man weiß nicht, was richtig ist, und schon beginnt die Verkrampfung. An solchen Sollbruchstellen der öffentlichen Inszenierung schleichen sich die Verhaltens- und Rhetoriktrainer heran.

Ich gestehe, wenig Vertrauen in solche Leute zu haben. Sie leben davon, dass die Gesellschaft die Menschen zunehmend in Rollen zwingt, die sie ihrem Wesen entfremdet. In einer Talkshow erlebte ich einen dieser Trainer. Es hieß, er habe schon an die fünftausend Leute unterrichtet und ihnen Selbstbewusstsein beigebracht. Nach dem Gespräch vor der Kamera stieß er beim Gestikulieren ein Glas um, und das Wasser ergoss sich auf die Hose eines anderen Gastes. Ich riet ihm, jetzt stark zu bleiben, die Öffentlichkeit zu vergessen, das Ganze ganz ruhig als eine Situation zu sehen, aus der keinerlei Beunruhigung erwächst ... Ich hatte ironisch sein Vokabular benutzt, merkte aber sehr schnell, dass ich der Einzige war und blieb, der das witzig fand. Der Trainer selbst lächelte schon gar nicht.

19.
Soziale Fragen sind Weltfragen

**Ihre Regierungstätigkeit hat sich
vielleicht für Sie gelohnt,
aber nicht für die Bevölkerung.**

*(Über die Arbeit der Großen Koalition in einem Redebeitrag
im September 2009)*

Erkenntnis wird zu erheblichem Teil befördert durch das Vermitteln von Erfahrung. Das gilt auch für die politische Sprache, obwohl sie notgedrungen verallgemeinern und abstrahieren muss. Zudem ist eigenes Erleben ja nicht alles. Es gibt immer auch die Erfahrung der anderen. Erfahrung ist kein Orakel, auf ihr lässt sich nicht verlässlich Zukunft errichten. Wir bauen Zukunft, ja, aber bisweilen – so zeigt ein Blick in die Welt dieser Tage wie aller Tage – wie einen Unfall. Immerhin aber macht Erfahrung im besten Falle vorsichtig: So nie wieder!

Linkssein bedeutet, ein besonderes Verhältnis zur Zukunft zu besitzen. »Vision« und »Utopie« sind Leitwörter. Aber in Martin Walsers Buch *Geständnis auf Raten* habe ich folgenden Gedanken gefunden: »Ich fürchte, die bedeutenden Menschen, die uns mit Himmel beziehungsweise mit Utopie bessern wollten, haben sich bei ihren Beschäftigungen unwillkürlich zu etwas hinreißen lassen, was nicht gelingen kann: sie haben Zukunft vergegenständlicht, das Heil beschrieben, als kennten sie's. Es gibt nichts Verletzenderes als Vorwegnahme, Prophezeiung, Festschreibung der Zukunft.«

Keiner weiß, wie die Zukunft aussieht. Im Versuch, diese nahezu gesicherte Wahrheit zu umgehen, blamiert sich Politik regelmäßig. Wir können nur sicher wissen, was sich nicht wiederholen soll. Das konsequent zu beherzigen, wäre schon grandios

Wir können nur sicher wissen, was sich nicht wiederholen soll.

und bei jeder Gelegenheit der erste gute Schritt in eine bessere Zukunft.

Das sagte schon Sokrates: Seine innere Stimme – er nannte sie »daimon« – habe ihm stets nur das gesagt, was er nicht tun solle, »zugeredet aber hat sie mir nie«. Das heißt: Wie aus innerer Stimme Überzeugung und Richtlinie des Handelns, ja überhaupt Handeln wird, das findet sich erst im Gespräch mit anderen Menschen. Die Rhetorik hilft uns im besten und erwünschten Falle, einander zu verständigen.

Marx und Engels beschworen geradezu die Solidarität. Diese Beschwörung steckt hinter dem Schlusssatz des Kommunistischen Manifests: »Proletarier aller Länder, vereinigt euch!« Es ist ein Appell, die gemeinsame Interessenlage zu erkennen und sich nicht von den Herrschenden zu Feinden machen zu lassen.

Immer dann, wenn er in Schwierigkeiten war, stellte der Zar in Russland fest, dass angeblich die Juden an allem schuld seien. Er wollte, dass sich die Bevölkerung untereinander abschlachtet, und nicht etwa ihn richtet. Die meisten werden doch auch heute erkennen: Nicht der Syrer oder sonst jemand ist unser Problem, sondern: Wir müssen Kriege, soziales Elend und große ökologische Schäden überwinden. Marx zu lesen, ist in diesem Zusammenhang wahrlich eine Ermunterung.

Gestatten wir in dem Zusammenhang dem Wort immer auch, edler zu sein als unsere Taten. Eine Sache wird nicht dadurch falsch, dass sie derjenige, der sie äußert, selbst noch nicht erleben kann. Und eine Erfahrung, die man gemacht hat, verhindert letztlich nicht, dass Träume nachwachsen. Unsere Sehnsüchte lassen sich nicht domestizieren. Eine Utopie wird nicht dadurch entwertet, dass wir nicht vor ihr bestehen. Wir fassen die Sterne zwar nicht, nach denen wir greifen, aber ihr Licht strahlt dennoch. »Kindisch, aber göttlich schön«, heißt es bei Schiller. Und Albert Schweitzer sagte, er sei nach seiner Erkenntnis pessimistisch, im Wollen aber optimistisch.

Es gibt Leute, die ihre Hoffnung begraben und sich in die Gleichgültigkeit flüchten – weil sie sonst schlecht schlafen und träumen. Pessimisten blamieren sich mit ihren Vorhersagen vielleicht seltener. Aber man sollte die Zukunft nie den Abwinkenden überlassen, sondern sie für sich und seine Ideale in Anspruch nehmen. Den Kopf hochhalten, auch Rückschläge ertragen. Aus diesem Impuls heraus lebe ich. Der Mensch ist dem Menschen eine Gefahr. Aber der Mensch ist dem Menschen auch ein mitfühlender Mitmensch. Es stimmt beides. Es geht um eine Haltung des Trotzdem. Es ist doch noch mehr drin, in dem, was Menschen für Menschen sein können.

Im Unterschied zu Helmut Schmidt bin ich nicht der Ansicht, dass jemand mit Visionen besser zum Psychiater denn in die Politik gehen sollte. Natürlich hatte Otto von Bismarck recht, als er meinte, dass Politik die Kunst des Möglichen sei. Das warnt vor Illusionen. Es scheint mir aber auch zu legitimieren, dass Parteien nur noch in Legislaturperioden denken. Mehr Kunst, als in vier Jahren geleistet werden kann, ist eben nicht drin? Diese Einladung zur Genügsamkeit, zum Weiterwerkeln am Klein-Klein, bedeutet nicht nur Stagnation. Es ist auch gefährlich, weil globale Probleme – Kriege, Klima, Hunger, Fluchten, Bildungsnot, Arbeit, Gesundheit, Umweltkatastrophen, Ressourcen – zwingend nach Lösungen rufen, ob diese Rufe nun wahrgenommen oder ignoriert werden. Die Fragen stellen sich mit gnadenloser Härte und fordern Konsequenzen. Darum halte ich es lieber mit Che Guevara: »Seien wir realistisch, versuchen wir das Unmögliche.«

Viele Linke sind felsenfest davon überzeugt, die einzige Wahrheit zu kennen.

Wahrscheinlich gibt es in diesem Zusammenhang eine typische linke Rhetorik: Viele Linke sind felsenfest davon überzeugt, die einzige Wahrheit zu kennen. Das führt zu rechthaberischen Formulierungen. Man meint, die inneren Gesetze der Welt und die Wege zur Veränderung erkannt zu haben. Umstände, die in dieses fest gefügte Weltbild nicht hineinpassen, werden einfach negiert, frei nach dem Prinzip: Unsere Karte ist richtig, nur die Gegend ist falsch.

Abschottung hat mir noch nie gelegen. Für eine – etwa ideologische – Abschottung spricht nichts, weil man in ihr nicht wirklich sprechen kann. Abschottung tendiert zu Militanz und Verbissenheit, und beides ist keine Grundlage für Gespräche. Prinzipien sind nötig, aber die Prinzipienreiterei ist Geistquälerei. Sie drückt Angst vor einer Veränderung aus, die einen auch selbst betreffen könnte; Angst davor, neuen Erkenntnissen nicht gewachsen zu sein. Ein freies Miteinander in der Begegnungskultur heißt: Abgrenzung möglich, Ausgrenzung möglichst nicht.

Begegnungskultur heißt: Abgrenzung möglich, Ausgrenzung möglichst nicht.

Die Welt rückt zusammen, aber die sozialen Welten driften auseinander. Grenzen fallen an vielen Orten, in vielen Strukturen. Aber mit diesem Wegfall der Begrenzungen wächst auch die Unübersichtlichkeit der politischen Prozesse. Die Globalisierung macht neugierig, und sie macht Angst. Unsere Aufgabe als Politikerinnen und Politiker ist es nicht, den Leuten vorzuwerfen, dass sie Furcht haben, vor Fremden etwa. Unsere Aufgabe ist es, ihnen diese Angst zu nehmen. Das ist schwer. Der Mensch ist im Grunde ein begrenztes Wesen. Die Bewahrung regionaler Sicherheiten gehörte stets zu den Kernpunkten von Heimat. Der Gartenzaun ist kein Kainsmal. Aber eine offene Welt, erträumt von Generationen, gehört zu den Lebens-Werten unserer Gesellschaft. Internationalismus ist eine Kulturleistung.

Wir dürfen den Menschen nicht arrogant das Recht auf Heimatgefühle absprechen, dürfen ihnen Heimatempfinden nicht nehmen wollen. Andererseits dürfen wir aber auch nicht zulassen, dass Heimat zum Nistplatz für Antisemitismus, Rassismus und Ausländerfeindlichkeit wird. Angst zu schüren, war immer schon ein Instrument der Herrschenden. Es gab nie einen natürlichen Grund, warum ein armer deutscher Bauer einen armen französischen Bauern totschlug und umgekehrt. Früher waren es die Könige, die die Menschen in gewollten Kriegen gegeneinander aufhetzten. Auch, damit die Mehrheit nicht auf die Idee kam, ihre Könige abzuschaffen. Heute ist es eine raffiniert agierende Weltmarkt-Ökonomie, die gnadenlos ausnutzt, dass es keine ausgleichende, regelnde, wertbeständige Weltpolitik gibt.

Es muss ja nicht aus der Mode kommen, an Rosa Luxemburg zu erinnern: »Es ist und bleibt die revolutionärste Tat, immer das laut zu sagen, was ist.« Also: Was ist? Wir haben besagte Weltwirtschaft, wir haben europäische Konzerne, wir haben eine ökologische Krise und andere Fragen, die überhaupt nur noch international und nicht mehr national zu lösen sind. Die Konzerne und großen Banken haben auf allen fünf Kontinenten Arbeitskräfte, Dienstleistungs- und Produktionsstätten. Sie haben dafür gesorgt, dass die soziale Frage sichtbar zu einer Menschheitsfrage geworden ist. Weil sie etwas organisiert haben, das ihnen nicht wirklich bewusst war: den weltweiten Lebensstandardvergleich. Früher wussten viele Menschen in Afrika nicht, wie wir in Europa leben. Jetzt haben sie ein Smartphone und Internet. Und nun sehen sie, wie wir leben, und stellen traurige, wütende Fragen, auf die wir kaum Antworten wissen.

Abschottung? Nein, wir müssen eine andere Antwort auf die soziale Frage als eine Menschheitsfrage suchen und finden. Der Globalisierung darf man sich nicht unterwerfen; man muss sich ihr stellen.

Weltweit herrscht kein Primat der Politik mehr, weil die großen Banken und bestimmenden Konzerne übermächtig sind. Weil es keine Struktur für eine funktionierende Weltpolitik gibt. Keine Struktur und keinen Plan. Es ist, als stünde die Politik vor einem breiten, tiefen, reißenden Fluss und hätte, um hinüberzugelangen, nur eine einzige Idee: austrinken. Deutschland macht da keine Ausnahme. Denken wir an die Finanzkrisen und Bankenrettungen der vergangenen Jahre. In Günther Jauchs Talkrunde saß ich einmal neben Anja Kohl, der Börsen-Korrespondentin der ARD. Sie sagte zu mir: »Herr Gysi, wenn Sie Kanzler wären und die Deutsche Bank käme zu Ihnen und teilte Ihnen mit, sie müsse in einer Woche in Insolvenz gehen, dann bliebe Ihnen doch auch nichts anderes übrig, als sie zu retten. Sonst bräche das gesamte Finanzsystem zusammen.« Ich habe der Journalistin geantwortet: »Erstens kann ich mir nicht vorstellen, Kanzler zu sein, dafür reicht meine Fantasie nicht aus. Aber selbst wenn ich mir größte Mühe gebe und es mir also doch einbilde, dann haben Sie wahrscheinlich recht. Aber wenn Sie recht hätten, bedeutete das Folgendes: Die Leute haben mich zum Kanzler gewählt, und was mache ich dann – ich rette die Deutsche Bank. Na, die wären vielleicht bedient. Die Briefe, die ich dann bekäme, kann ich mir alle sehr gut ausmalen. Sie würden gewiss die allgemeine Ansicht widerspiegeln, dass die Deutsche Bank zu mächtig sei. Weil nicht der Kanzler entscheidet, was sie tut. Sondern die Deutsche Bank entscheidet, was der Kanzler zu tun hat.«

Deshalb ist es aus meiner Sicht richtig, die großen, privaten Banken zu verkleinern und sie öffentlich-rechtlich wie die Sparkassen zu gestalten. Nicht als Staatsbanken! Das nutzt nichts, weil die Landesfinanzminister genauso einen Unsinn entscheiden können wie die Deutsche Bank. Deshalb endeten die Landesbanken fast alle in der Pleite. Aber die öffentlich-rechtlichen Sparkassen waren nicht mit einbezogen, die Genossenschaftsbanken auch nicht. Und was für die Banken gilt, gilt auch für die großen Konzerne: Die möchte ich ebenfalls verkleinert sehen. Damit wir wieder zu jenem notwendigen Primat der Politik gelangen. De-

Demokratie haben wir in der Politik, kaum in der Wirtschaft.

mokratie haben wir in der Politik, kaum in der Wirtschaft. Das heißt: Wenn die Wirtschaft regiert, ist das gefährlich und undemokratisch.

Übrigens verwies Angela Merkel als langjährige Kanzlerin selbst auf die Pflicht, dieses Politik-Primat wieder herzustellen. Nur klang es nicht wie ein entschiedenes Postulat, sondern glich einer eher leisen Nebenbemerkung. Die Kanzlerin Merkel formulierte grundsätzlich keine Visionen. Bis in die Sprache hinein war sie Verwalterin. Ihre Amtsvorgänger Willy Brandt und Helmut Kohl waren Visionäre. Der eine betrieb die Versöhnung mit Osteuropa, der andere dachte ein Europa nach dem Kalten Krieg. Ob man mit dieser speziellen deutschen Vision einverstanden war, sei einmal dahingestellt. Angela Merkel aber wirkte, als bestimmten DDR-Sehnsüchte ihre Politik: der Reisepass und der volle Supermarkt. Beides war rasch gegeben. Damit war ein Geschichtsziel erreicht. Perspektive schien ihr zu bedeuten: Du kannst auch morgen reisen und günstig einkaufen. Merkel blieb eine Politikerin des Status quo. Sie versprach sozusagen eine Verlängerung der Gegenwart.

Oft werde ich gefragt: Muss Integration an Bedingungen geknüpft werden? Ja. Die Kenntnis der deutschen Sprache steht an erster Stelle, dann folgen die beruflichen Qualifikationen. Ohne Integration auf dem Arbeitsmarkt gibt es keine Integration in die Gesellschaft. Und man muss unsere Grundrechte lehren, Artikel 1 bis 20 des Grundgesetzes. Jeder und jedem Geflüchteten müssen wir erklären, dass Frauen und Männer bei uns gleichberechtigt sind. Und Punkt. Das müssen wir natürlich auch bei uns noch durchsetzen. Kein Flüchtling hat das Recht, zu versuchen, Kultur, Kunst und Lebensweise in Deutschland einzuschränken, aber, und dieses Aber ist entscheidend: Jeder Flüchtling hat das Recht, zu versuchen, Kultur, Kunst und Lebensweise hierzulande zu erweitern. Parallel dazu muss die einheimische Bevölkerung fair bezahlte Jobs ergreifen können.

Sonst ist es kein Wunder, wenn sich die Stimmung leider auch gegen Flüchtlinge wendet. Natürlich weiß auch ich, dass Deutschland nicht die ganze Menschheit aufnehmen kann. Mir ist allerdings auch nicht bekannt, dass die Menschheit oder Deutschland das vorhätten.

Wenn die Rhetorik – nach antikem Vorbild – befähigen soll, »an jeder Sache Glaubwürdiges« zu entdecken, so ist das die aktuelle Aufforderung, sich zwar in politischen Gegnerschaften deutlich konturiert abzugrenzen, aber möglichst ohne Feindbilder auszukommen. Ich habe, selbst häufig angefeindet, kein Feindbild. Habe es nie gehabt. Feindbilder isolieren den Menschen in einem ideologischen Käfig. Darin bekäme ich zu wenig Luft, die ich – wie wir alle – zum Atmen brauche. Aber eben auch zum Reden.

Ein schönes Beispiel für die Nachwirkung von Feindbildern war für mich Anfang 1994 eine Begegnung mit Edzard Reuter. Sein Vater Ernst Reuter war zunächst Mitglied der Kommunistischen Partei, später wurde er Sozialdemokrat. Die Nazis sperrten ihn in ein Konzentrationslager. Er und Kommunisten halfen sich gegenseitig, aber er war und blieb antikommunistisch, gerade auch als Regierender Bürgermeister von Westberlin.

Edzard Reuter war, als ich mich mit ihm traf, Vorstandsvorsitzender der Daimler-Benz-AG, des größten deutschen Konzerns. Ich war PDS-Vorsitzender. Der Linke und der Großkapitalist. Als ich in Stuttgart ankam, wurde ich mit einem Auto abgeholt, das ich vorher noch nie zu Gesicht bekommen hatte. Wie soll ich es beschreiben? Ich wusste nicht, dass es Autos gibt, in denen man auch spazieren gehen kann. Edzard Reuter und ich führten ein aufgeschlossenes, gewogenes Gespräch; er war wohl auch ein bisschen neugierig auf mich und interessierte sich für meine Sicht auf Deutschland und die Welt.

Ein Großindustrieller trifft sich mit einem »Rote-Socken-Träger«? Ein maßgeblicher »Klassenfeind« im Austausch mit einem

demokratischen Sozialisten? Das glich für einige einem Feind-
bilder-Sturm. Zwei Einrichtungen gab es auf jeden Fall, die sich
über dieses Gespräch zwischen Edzard Reuter und mir mächtig
echauffierten: die WELT, führende Zeitung des Springerkon-
zerns, und die Kommunistische Plattform in meiner Partei.
Springers Plattform verstand den Wirtschaftsboss nicht, die andere Plattform verstand mich nicht. Ein linkes Blatt amüsierte
sich und bekräftigte, dass man die Überraschungskraft des Lebens nie unterschätzen möge: wie unerwartet es doch zu einer
Übereinstimmung zwischen den Antikommunisten in der
WELT und den Kommunisten in der PDS kommen könne.

Diese Episode, die ich wie erwähnt in meine Autobiografie
aufnahm, erregte noch in Rezensionen des Buches einige Aufmerksamkeit. Das schien mir nun doch etwas übertrieben. Edzard Reuter und ich taten doch lediglich etwas zivilisatorisch und
kulturell Normales: Wir redeten von Mensch zu Mensch miteinander. Edzard Reuter mag es ähnlich gesehen haben. In einem
Interview mit dem Spiegel wies er 2001 auf die Notwendigkeit
einer differenzierten Haltung gegenüber politischem Personal
hin. Befragt, ob der Wiedereinzug der »Nachfolger der Hone-
cker-SED« ins Rote Rathaus in Berlin ihn nicht erschrecke, antwortete er: »Ich gehöre nicht zu denjenigen, die schwarz-weiß
malen. (...) Man sollte nicht alles verteufeln, was früher mal mit
dem Kommunismus zu tun hatte.« Edzard Reuter war später
auch mein Gast im Deutschen Theater Berlin.

Manches Landläufige des Lebens ist im Politikbetrieb und in
der Parteienlandschaft nach wie vor nicht selbstverständlich.
Noch immer nicht. Nun haben Linke verschiedenster Prägung
im Lauf ihrer Geschichte ihren ganz eigenen Beitrag zur Ent-
fremdung von friedlichen Kooperationen geleistet. Die Geschichte der Arbeiterbewegung ist »reich« an Ausgrenzungen,
Starrheit und Ausschlüssen. Es ist ein »Reichtum«, der ein blei-
bendes Armutszeugnis ausstellt, aber: Zur Wahrheit gehört, dass

der Weg der Linken hinein in die bürgerliche Gesellschaft über lange Zeiten hinweg ein schmerzhafter Weg war – ein Weg der Verfolgung, auf dem sie wahrlich enorm viel Feindschaft erleiden, aushalten, bekämpfen und überwinden mussten. Das prägt Menschen und Bewegungen.

Kurzum: Wenn ich über Rhetorik schreibe, schreibe ich über gegenwärtige politische Umgangspraktiken. Der nochmalige Verweis auf Aristoteles und sein Insistieren auf »Glaubwürdigkeit« ist in diesem Zusammenhang als eine Forderung zu betrachten, auch in Äußerungen und Reden anderer das entdecken zu wollen, das einen selbst bereichert und klüger macht, weil es einem vor Augen und Geist führt, dass Wahrheit keine Einbahnstraße ist.

Leute gänzlich anderer politischer Auffassungen und Grundsätze streiten sich zwar mit mir und stellen sich auch zum Teil heftig gegen meine Auffassungen. Sie laden mich heute aber auch zu Vorträgen oder Gesprächen ein, was früher weitgehend undenkbar war. Bei Maklern hatte ich ein Streitgespräch mit Christian Lindner von der FDP. Es war ihm peinlich, dass er ständig Zwischenbeifall bekam, ich dagegen nie. Macht gar nichts, habe ich zu ihm gesagt: Da gehen wir das nächste Mal zum Mieterbund, da ist es dann umgekehrt.

Auch die Reichen müssen verstehen: Wenn sie jetzt nicht für mehr Gerechtigkeit sorgen, fliegt ihren Enkelkindern eines Tages alles um die Ohren. Ich will die Macht der großen Konzerne und großen Banken überwinden, weil sie nichts Gutes bringen für die Menschheit, indem sie bestimmen, was die Politik zu tun hat. Auf die Gefahr hin, mich zu wiederholen: Wenn es eine Demokratie gibt, dann in der Politik, nicht in der Wirtschaft. Ergo müsste die Politik vorgeben, was in der Wirtschaft geschieht.

In einem Gespräch mit dem römisch-katholischen Sozialethiker und Dominikaner Wolfgang Ockenfels für die Zeitschrift

Cicero kam ich einmal sogar in die Lage, den Papst zu verteidigen. Ich tat es gern. Es ging um einen Satz von Papst Franziskus, der gesagt hatte: »Wirtschaft tötet.« Mein Gesprächspartner lehnte diese Aussage des Kirchenoberhauptes ab und fragte mich: »Wer soll das Subjekt der Wirtschaft sein, das tötet?« Ich erklärte es ihm. Der Papst meint ja nicht, diese oder jene Person sei schuld, sondern er meint, die Gleichgültigkeit angesichts globaler sozialer Ungerechtigkeiten dürfe man nicht hinnehmen. Das sehe ich genauso. Jährlich sterben auf der Erde rund 70 Millionen Menschen, davon 18 Millionen an Hunger, obwohl die weltweite Landwirtschaft die Menschheit zweifach ernähren könnte. Hinzu kommen 12,5 Millionen Tote aufgrund von behebbaren Umweltschäden. So tötet Wirtschaft. Und dann muss sich unbedingt die Entwicklungshilfe ändern. Geld, das bei den Regierungen landet, ist für die Bedürftigen oft verloren. Entwicklungshilfe muss Hilfe zur Entwicklung sein, im Geist der Solidarität, konkret vor Ort. So verstehe ich auch den Papst. Ich habe ihm übrigens, als ich ihn besuchen durfte, vorgeschlagen, er möge die Initiative ergreifen zu einer Armutskonferenz unter dem Dach der UNO. Ein Vorschlag nur, wohl wissend um meinen geringen Einfluss auf Entscheidungen im Vatikan.

20.
Demokratie und Radikalität

Ich verstehe die Bayern nicht:
Seit 50 Jahren immer die gleiche Regierung.
In der DDR war das zwar auch so,
aber da gab's keine andere Möglichkeit.

(In einem Interview 2002)

Links sein bedeutet rebellisch sein. Wieder so ein Begriff, bei dem man misstrauisch wird. Radikalität klingt natürlich besser als Bürokratie. Letztere ist langweilig. Und für den hohen, weiten, angreifenden Gedanken – man kann da vom feurigen Marx leicht angesteckt werden – bedeutet Demokratie oft genug Enttäuschung. Wir kamen geschichtlich aus viel Gewalt und sind nun in der Gewaltenteilung. Zum Glück.

Radikalität ist ein Grundproblem linker Existenz. Keine Gesellschaft hat sich je so organisieren können, dass sie radikalen Hass auszutrocknen vermochte, und keine Radikalität hat sich je so in die Geschichte einschreiben können, dass sie nicht selbst irgendwann verdiente, abgelehnt zu werden. Es ist ein schwieriger Begriff. Die Frage lautet, wie man Dinge radikal anspricht und ändert, ohne immer gleich die Grundfeste zu zerstören. Es ist eine Prüfung für die Demokratie: Was wagt sie, welche Risiken geht sie ein, ohne sich selbst zu gefährden? Radikal bedeutet nicht extremistisch. Aber es bedeutet durchaus, an Wurzeln zu gehen, wie Marx es ausdrückt, an die Grenzen des Bestehenden – um sie zu sprengen. Wie nun kann unter Demokraten ein politisches Empfinden entwickelt und bestärkt werden, dass das Bestehende nun wahrlich nicht das Beste, Endgültige ist? Es gehört Mut dazu, sehr weit zu gehen, ohne die Gefahr heraufzubeschwören, zu weit zu gehen.

Radikalität ist ein Grundproblem linker Existenz.

Was bedeutet in dem Zusammenhang Reform? Das Wort geistert durch viele Reden. »Reformstau« gehört zu den Standard-Vorwürfen gegen Regierende. Wenn man Reform grundlegend denkt, ist sie kein Gegensatz zur Radikalität – vor der sich viele vielleicht fürchten, weil sie eben sehr nach Revolution klingt. Ein Beispiel für die Möglichkeit (und Dringlichkeit!) einer radikalen Reform bietet der Wohnungsmarkt. In der Bundesrepublik besteht ein sehr großer Teil der Wohnungen aus Mietwohnungen. Die Wohnungspreise und infolgedessen die Mieten sind derart angestiegen, dass ein massives soziales Problem entstand, das nicht einmal Konservative ignorieren können. Einem Menschen ausreichenden Wohnraum zur Verfügung zu stellen, hat den Charakter eines Menschenrechts. Die verwertungsgetriebene Entwicklung der Städte gefährdet dieses Menschenrecht enorm. Es gibt immer mehr Wohnungslose und in der Folge auch Obdachlose.

Wirkungsvoll wäre die Überlegung, welche Bevölkerungsgruppen am ehesten Schutz vor Wohnungsverlust benötigen, um dann Wohnungen explizit in Sozialwohnungen umzuwandeln. Man könnte den Kreis von Leistungsberechtigten für Wohngeld vergrößern. Man könnte Wohnungen rekommunalisieren und dergleichen mehr. Ziel jedenfalls müsste es sein, Menschen davor zu schützen, dass sie plötzlich ihre Wohnung verlieren. Denn soziale Rechte wie das Recht auf Wohnen erzeugen im Falle, dass sie gelten dürfen, eine besondere Form der Sicherheit: Sie erzeugen Freiheit. Wenn man aber aufgrund der latenten Bedrohung durch Arbeitslosigkeit Gefahr läuft, seine Wohnung zu verlieren, hat man vielleicht begründete Angst davor, eine Auseinandersetzung im Unternehmen mit der nötigen Schärfe zu führen.

Die radikalste Lösung wäre, den Wohnungsmarkt abzuschaffen; Wohnungen könnten dann nicht mehr Verwertungsobjekt sein. Eine Idee, zu obskur und abenteuerlich. Zu unrealistisch.

Das weiß ich auch. Vielleicht wäre wenigstens der Gedanke akzeptabel, dass Grund und Boden sozialisiert oder Wohnungen durch Vergenossenschaftlichung dem Spekulationsmarkt entzogen werden.

Und an diesem Punkt kommt eine Frage der politischen Rhetorik ins Spiel – nämlich die, worüber öffentlich gesprochen werden kann und wird, worüber nicht, und warum. Über so ein Thema wie den sozialen Wohnungsbau muss öffentlich stärker, intensiver gesprochen und gestritten werden. Es ist eines jener Themen, bei denen man spüren muss, dass es Politikerinnen und Politikern ans Herz geht. Diese Wort-Herz-Linie ist zu selten erkennbar in politischen Debatten. Zum Teil einfach deshalb, weil sie nicht stattfinden. Und zum Teil deshalb, weil sie, wenn sie stattfinden, in einem Ton geführt werden, der jegliche persönliche, geschweige denn emotionale Identifikation mit seinem Gegenstand vermissen lässt.

Demokratie ist nicht das Ende der Radikalität – der Radikalität des Denkens jedenfalls. Wir denken oft zu brav. Wie gesagt: Wir nutzen den Parlamentarismus viel zu wenig für die Pflege origineller Ideen. Wir sind zu sehr Getriebene, immer kurz vor Ladenschluss. Der Betriebsgeist der Dinge fesselt uns. Wenn ich nur ans Parlament denke: oft so langweilig, so selbstbezogen, so dröge. Wenn ich radikale Veränderungen will, muss ich den Zeitgeist verändern, muss ich die Stimmung bearbeiten, bis etwas kippt. Eines Tages zum Beispiel kam Bismarck einfach nicht mehr an der Sozialversicherung vorbei.

Wir nutzen den Parlamentarismus viel zu wenig für die Pflege origineller Ideen.

Spiegelt die Redekultur in der Politik die aktuelle Sprachkultur in der Gesellschaft wider? Es war wohl immer so, dass sich beides beeinflusste. Politik trifft Entscheidungen, aber sie trifft auch eine Auswahl dessen, was diskutiert wird. Sie gibt Themen vor und begleitet Stimmungslagen. Wo sie zu lenken versucht, muss sie stets vorsichtig sein, nicht in den Ruf eines Vormunds zu geraten. Ich finde es bei aller Leidenschaft für Diskurs und Diskussion lächerlich, über jedes Stöckchen zu springen, das der meinungsgierige Markt einem hinhält. Ich reagiere gern, aber nicht auf alles.

Ich reagiere gern, aber nicht auf alles.

Macht ausübende Politik nimmt am Geraune und Gerede der sozialen Medien teil, und man wird das Empfinden nicht los, sie verhält sich wie ein Trittbrettfahrer: Man springt gehetzt auf Züge auf, statt funktionierende Fahrpläne aufzustellen. Gewiss umgibt sich die Regierung – das war auch in der Corona-Pandemie so – mit Expertisen und Beratungsgremien. Aber sorgt sie im Vorfeld ihrer Beschlüsse wirklich für ein kräftiges Pro und Contra der Fachleute? Holt sie sich Beratung von allen Seiten? Setzt sie sich selbst der Zeit aus, die es braucht, um Widerspruch auf sich und in sich wirken, auch bohren zu lassen?

In dem Zusammenhang steht auch die Frage: Warum wirkt Politik oft strategisch so hilflos, um nicht zu sagen: unwillig? Es hat wohl mit den Strukturen der Demokratie zu tun. Der Bundestag wird alle vier Jahre gewählt. Wir haben in jedem Jahr Landtagswahlen, die eine längerfristige Bundespolitik immer wieder unterbrechen. Die meisten Politikerinnen und Politiker wollen wieder gewählt werden, nur wenige scheiden freiwillig zu irgendeinem Zeitpunkt aus. Ich will versuchen, diesen Zusammenhang an einem konkreten Problem darzustellen, denn er unterliegt einer Wechselwirkung mit jeweils laufenden Debatten und den Entwicklungsthemen der Politik, die ihnen zugrunde liegen.

Gemeinsam mit dem deutschen Generalkonsul war ich vor einiger Zeit im Nordirak in einem Flüchtlingslager. Die Jungs spielten Fußball, die Mädchen standen am Rand. Ich fragte sie, wie es ihnen ginge – und sie fingen kollektiv an zu weinen. Sowohl der Generalkonsul als auch ich erschraken. Die Mädchen erklärten uns, sie hätten bis vor einem Tag einen einzigen, aber sehr guten Lehrer gehabt. Aber den seien sie nun leider los, weil die UNO die 50 Dollar pro Woche für ihn nicht mehr bezahlen könne.

Ich bin sicher, dass sich der Generalkonsul über den Botschafter an den Außenminister gewandt hat. Ich selbst schrieb an Kanzlerin Merkel. Nichts tat sich. Warum nicht? Ganz einfach: Wenn die Kanzlerin entschieden hätte, der UNO mehr Geld aus Deutschland für die Flüchtlingshilfe zu gewähren, hätte eine stark bebilderte Zeitung möglicherweise den Vorwurf erhoben, Summen, die für soziale Zwecke hierzulande dringend benötigt würden, gingen stattdessen ins Ausland. Zur Veranschaulichung wären die Mängel in Schulen oder Kommunen aufgezählt worden, und mit Sicherheit hätten die auch den bitteren Tatsachen entsprochen.

Das ist der Grund, warum vorbeugende Politik so gut wie nicht stattfindet: Sie kann leicht diskreditiert werden. Nach dem Flüchtlingsansturm im Sommer 2015 reiste Angela Merkel in den Libanon und bot unmittelbare Hilfe für die Flüchtlingslager an, damit die Menschen dort keinen Grund hatten, den Libanon in Richtung Europa zu verlassen. Erst nachdem es dieses Phänomen des Ansturms an unserer Grenze gegeben hatte, schien Hilfe vor Ort plötzlich akzeptabel. Das aber bedeutet, dass erst etwas passieren muss, bevor tonangebende Politik aktiv wird. Sind Regierende vorbeugend tätig, müssen sie dagegen mit geharnischter Kritik rechnen, weil in der Öffentlichkeit (noch) kein Verständnis für dieses Vorgehen vorhanden ist.

Dazu möchte ich allerdings eines sagen: Als Bundeskanzlerin oder Bundeskanzler leistet man einen Eid, Schaden vom eigenen Volk abzuwenden. Also muss man vorbeugend tätig werden – und versuchen, solche Schritte besser zu erklären. Auch hier geht es um jene wesentliche politische Arbeit rhetorischer Natur: um Vertrauen bei der Mehrheit zu ringen. Wenn es nicht gelingt, wird man eben abgewählt – hat aber seinen Eid nicht verletzt.

Zum Schluss: »Das Wort hat ...«

Kann schon sein, dass ich nicht weiß,
wie der Hase läuft.
Aber wenigstens weiß ich, wohin.

(In einer RTL-Sendung im Februar 1991)

Wenn ich im Folgenden einige meiner Reden im Bundestag do-
kumentiere, so deshalb, um in Ausschnitten an Themen zu erinnern, die mich im Lauf der Jahre besonders bewegt und an-
gestoßen haben. Ich habe in diesem Buch zu erläutern versucht:
Im Reden leben wir Politikerinnen und Politiker, in Sprache
erfinden wir uns. Doch wir sind kein Botschaftspersonal der bloßen Fiktion, kein Bodenpersonal der unverbindlichen Höhen-
flüge.

Worten mögen Taten folgen? Auch Worte sind schon Tat. Dies
sollte uns bewusst sein, bevor wir zur Rede anheben, aber gewiss: Reden allein nützt wenig. Immer, wenn ich geredet habe,
kamen diese Fragen: Und nun? Wohin
verhallen die Worte? Gibt es ein Echo? **Worten mögen Taten**
Worin könnte es bestehen? Was nennt **folgen? Auch Worte**
man den Widerhall einer politischen **sind schon Tat.**
Rede? Die routinierten Zwischenrufe,
während man noch am Pult steht, können es nicht sein. Was
fängt wohl wer mit so einer Rede an, einer Rede und noch einer
Rede im langen, langen Fluss der Entäußerungen, der mal tief,
mal eher flach dahinströmt?

Der Philosoph Hans-Georg Gadamer hat gesagt: »Erst mit der
Sprache geht die Welt auf.« Genau das ist die Arbeit der Politik:
einander argumentativ die Welt zu öffnen, sie sichtbarer zu machen, ihre Veränderbarkeit aufzuzeigen. Mit Worten kann man
Angenehmes tun! Das klingt ein wenig pastoral, aber warum

nicht? Vom Parlament spricht man auch als dem »Hohen Haus«. Es geht dabei um die Herausgehobenheit, die damit einhergeht, dort tätig sein zu dürfen.

Herausgehobenheit bedeutet nicht: sich abgehoben zu verhalten, von oben herab zu reden. Das Repräsentative der Demokratie meint das Stellvertretende, das einem auferlegt ist, nicht jedoch irgendeinen Prunk, den man landläufig mit dem Begriff der Repräsentation verbindet.

Das Repräsentative der Demokratie meint das Stellvertretende, das einem auferlegt ist.

Diese Forderung lässt an Hannah Arendt denken: Der Sinn von Politik sei Freiheit. Freiheit in solcher Perspektive ist nicht gemeint als Fähigkeit und Privileg des einzelnen Subjekts, sondern als eine Form des Miteinander-Seins – als eine Wirklichkeit, die nur stattfindet, wo mehrere sich treffen. Politik bleibt in solcher Deutung der Ort der letzten Entscheidung über die Möglichkeiten gesellschaftlicher und individueller Handlungsfreiheiten. Auch und gerade der Markt, möchte man in unsere Gegenwart hineinrufen, ist eine Institution des Politischen – und nicht umgekehrt! Wobei viele Wirtschaftsbosse und Politiktreibende vom Gegenteil überzeugt zu sein scheinen und dementsprechend handeln.

Politik heutzutage scheint mitunter vergessen zu haben, dass gesellschaftsprägende Intelligenz zunächst keine theoretische Größe ist, sondern eine Verhaltenskultur von umweltoffenen Lebewesen. Politik ist das Geschehen, in dem sich übergreifende, handlungsleitende Ideen und ein kollektives Bewusstsein formen. Aber sie beinhaltet auch – und wesentlich – den Vollzug von Auseinandersetzung und Konflikt. Nur dadurch kann Neues ja überhaupt auftreten: indem es die scheinbar unantastbare Tradition bestreitet. Die Freiheit der Kommunikation bleibt davon abhängig, dass sich dieser Raum der Öffentlichkeit in steter Selbstgestaltung durch Institutionen und die Kritik daran stabilisiert und erneuert.

Einer vibrierenden Welt, die ins Internet hineinrauscht, wie ein Raumschiff in ferne Galaxien hinauszieht, steht eine Wirklichkeit des politisch Erschöpften und Unbeweglichen gegenüber. Allenthalben scheint es ein unbegreiflicher Ehrgeiz herrschender Politik zu sein, immer genau das zum Konzept zu erklären, was sich mit der Wahrnehmung von Realität kaum mehr vereinbaren lässt. Aber Zusammenhänge sind niemals auf der Oberfläche zu finden. Bertolt Brecht lehrte: Es geht nicht um den Blick auf die wirklichen Dinge, sondern um den Durchblick für die Dinge, wie sie wirklich sind.

Es ist seltsam: Die aktuelle Bedeutung einer Rede ist nicht in jedem Falle identisch mit der eigenen Werteskala. So bleibt mir eine Wortmeldung im Bundestag in Erinnerung, an die sich wahrscheinlich kaum noch jemand erinnert. Es war eine Rede zum Einsatz der Bundeswehr im Libanon. Sehr offen sprach ich über den Umgang mit Israel. Der millionenfache Judenmord während der Nazidiktatur hat meine Generation geprägt. Es gibt Hemmungen und Beklemmungen im Umgang mit Israel. Meine Bitte lautete, diese nicht auf Nachwachsende zu übertragen. Jüngeren, Unbelasteten müsse erlaubt sein, im Verhältnis zu Palästina und zu Israel etwas zu entwickeln, mit dem wir Deutschen aus historischen Gründen immer wieder, immer noch Schwierigkeiten haben: eine gewisse Normalität.

Ich führte Argumente jener an, die näher bei Israel stehen, und dann Argumente derer, die näher bei Palästina stehen. Wer näher bei Israel steht, hat Verständnis für den dortigen Willen, sich nie wieder ohne Gegenwehr, also unbewaffnet, in Viehwaggons treiben zu lassen. Wer näher bei Palästina steht, stimmt dem dortigen Einwand zu, Palästinenserinnen und Palästinenser hätten niemals Juden in Viehwaggons getrieben. Am Schluss meiner Rede fragte ich, ob die militärische Überlegenheit Israels gegenüber den arabischen Nachbarländern zum Frieden im Nahen Osten geführt habe. Offensichtlich nicht, gab ich selbst die Antwort. Ein Teil des Parlaments nickte. Anschließend behauptete ich, dass aber bei militärischer Überlegenheit der arabischen Nachbarländer Israel nicht mehr existierte. Nun nickte der andere Teil des Parlaments. Der quälende Widerspruch – die peinigende Dialektik von Themen, die keine einfache, singuläre Antwort zulassen.

Wie also sieht eine mögliche, angemessen differenzierte Lösung aus? Ich sprach mich eindeutig und inständig für eine Zwei-Staaten-Lösung aus – mit einem sicheren, souveränen Israel und einem sicheren, souveränen Palästina. Ich wies darauf hin, dass man jungen Soldaten nicht aufbürden dürfe, jene Probleme lösen zu sollen, die wir, aus den Ursünden des 20. Jahrhunderts kommend, verschuldet und nicht bewältigt haben.

Nach dieser Rede geschah etwas, das ich so weder vorher noch nachher erlebt habe: Mich erreichte die Nachricht, ich möge mich doch bitte bei der FDP-Fraktion melden. Der Parlamentarische Geschäftsführer bedankte sich bei mir für meinen Auftritt und bat um Entschuldigung, dass seine Fraktion – außer dem damaligen Vizepräsidenten Hermann Otto Solms – nicht applaudiert habe. Handschriftliche Dankesbriefe erhielt ich von Hans-Dietrich Genscher, Gerhart Baum und Burkhard Hirsch. Aufschlussreich, dass es derartige Reaktionen weder aus meiner Partei, noch aus der Union, aus der SPD oder von den Grünen gab.

Es gibt Politikerinnen und Politiker, die glauben, etwas falsch gemacht zu haben, wenn sie – redend – bei anderen Parteien nicht das Knirschen, Grollen und Aufschäumen hören. So bin ich nicht gestrickt.

Mit einem inneren Lächeln denke ich an die frei gewählte Volkskammer in der Dämmerungszeit der DDR. Sie erlebte da ihre schönsten, aber auch kräftezehrendsten Momente. Der Durchbruch zur Demokratie setzte auf jeder politischen Seite Energien frei, die nun ungezwungen und oft leider auch unbegrenzt aufeinanderprallten. Die Auseinandersetzungen wurden äußerst scharf geführt, man nahm kein Blatt mehr vor den Mund. Die Antragslust kannte keine Hemmungen, sodass dem Plenum zum Teil auch ziemlich absurde Ansinnen zur Debatte und Abstimmung vorgelegt wurden. Die Medien feierten den neuen, offenen Ton. Sie lächelten allerdings auch über das fröhliche bis nervende Chaos, das frei von bisheriger langweiliger Routine war, aber auch dazu führte, dass die Sitzungen oft genug zerfaserten.

Das Spottwort vom »Laienparlament« ging um. Das stimmte insofern, als wir alle im Prinzip Erstklässler in Sachen praktischer, politischer Demokratie waren. Aber man unterschätze nicht die Fähigkeiten und Leistungsbereitschaft von Laien. Wie heißt es so treffend? Noah, der die Arche baute, war Laie – die Titanic hingegen wurde von Profis gebaut.

Während der Volkskammer-Sitzungen 1990 gab es Verhaltensweisen, die noch nicht in einem Politikbetrieb der Abgrenzungen und Verfeindungen abgeschliffen worden waren. Zum Beispiel kamen die Liberalen zu mir und fragten, ob ihr Antrag, dem ich inhaltlich natürlich widersprechen musste, in juristischer Hinsicht **In der Politik bewertet man Grenzen höher als Brücken.** zulässig und wasserdicht formuliert sei. Tatsächlich nahm ich das Papier entgegen und schrieb es um, ich habe also handwerklich geholfen. Solche Kooperation wäre heute undenkbar. In der Politik bewertet man Grenzen höher als Brücken.

Gut im Gedächtnis blieb mir eine Rede im Bundestag zum 50. Jahrestag des Élysée-Vertrags, der zur Aussöhnung zwischen Frankreich und Deutschland nach langer »Erbfeindschaft« beitrug. Nach der wechselvollen kriegerischen Geschichte beider Länder war dieser Vertrag ein wichtiger Akt. Alle Rednerinnen und Redner würdigten bei jenem Jubiläum die Unterzeichner des Vertrages, Konrad Adenauer und General Charles de Gaulle.

Das tat ich auch, verwies aber darauf, dass die Leistungen der beiden Bevölkerungen als größer zu bewerten seien. Der Wunsch des deutschen Volkes nach Aussöhnung war damals sehr verständlich. Aber im französischen Volk gab es wegen der Verbrechen der Nazis noch starke Vorbehalte. Sie mussten überwunden werden. Die Bereitschaft dazu, das Entgegenkommen, war den Französinnen und Franzosen hoch anzurechnen.

In der Rede erwähnte ich meine Großmutter, die nur dank Frankreich die Hitlerdiktatur überlebt hatte. Auch erinnerte ich an meine Eltern, die in Frankreich Unterschlupf fanden, dann aber von der eigenen Partei ins feindliche Deutschland zurückgeschickt wurden. Dann ein Zeitensprung: Meine Tochter lerne Französisch und beherrsche im Unterschied zu mir diese Sprache inzwischen so gut, dass ich im Restaurant in Paris, wenn sie sich mit anderen unterhält, wie ein Dummkopf danebensitze. Wer mich auch nur ein wenig kenne, der könne sich lebhaft vorstellen, wie sehr meine Tochter solche Momente der Überlegenheit mir gegenüber genieße. Zudem verwies ich auf die geschichtlich erwiesene Fähigkeit der Franzosen, lebendig und vielfarbig zu protestieren und zu demonstrieren. Dafür aber verstünden wir Deutschen es, deutlich genussvoller zu frühstücken. Tja, jede und jeder hat spezifische Fähigkeiten. Zu den unverzichtbaren Werten eines künftigen Europa gehöre, dass es nie wieder einen Krieg zwischen Deutschland und Frankreich geben dürfe ...

Als ich jünger war, bereitete ich mich lockerer auf eine politische Rede vor als heute. Damals fiel es mir nicht schwer, lediglich mit einem Zettel, auf dem vielleicht fünf Worte standen, zwei Stunden zu sprechen. Es bereitete mir auch keine Mühe, mich gewissermaßen simultan zu verhalten. Auch als Rechtsanwalt hielt ich früher Plädoyers aus dem Stegreif. Bei zwanzig, dreißig Tagen Verhandlung als Anwalt einer Nebenklägerin, etwa in einer Mordsache, ist eine gründliche Vorbereitung natürlich unabdingbar, und ich verlasse mich nicht auf eine gewisse »Schnellkraft« beim Argumentieren. In solchen Fällen bereite ich das Plädoyer vor. Trotzdem kommt es immer wieder zu Situationen, in denen spontane Reaktionen nötig sind, sowohl im Gerichtssaal als auch in der Politik.

Ein Beispiel: In einer Stadt in Sachsen sprach ich vor Jahren auf einer Kundgebung meiner Partei, und es hatten sich, deutlich sichtbar, auch Neonazis postiert. Ich sprach sie direkt an und gab ihnen den Rat, zur Weiterbildung (oder gar zur Herzensbildung!) einfach mal ein Buch zu lesen. Es müsse ja nicht gleich ein kompliziert geschriebenes sein, fügte ich hinzu, nein: ein schlichtes, eingängiges, einfaches würde ja reichen. Plötzlich warf mir einer einen Zettel zu. Ich sprach weiter, las dabei, schrieb etwas auf den Zettel und warf ihn wieder zurück.

Bei einer Kundgebung diese drei Dinge – reden, lesen, schreiben – gleichzeitig zu tun, würde mir heute nicht mehr gelingen. Einer der Sicherheitsbeamten der Kundgebung fragte mich später, was ich auf dem Zettel notiert hätte. Der Mann hätte beim Lesen des kleinen Wischs eine Miene aufgesetzt, als stünde er kurz vorm Sturm der Tribüne. Auf dem Blatt, das mir zugeworfen worden war, hatte die Frage gestanden, wieso ich annähme, die Rechten seien ungebildet, denn »die meisten von uns haben Abitur«. Daraufhin hatte ich drei Fehler in dem kurzen Text angestrichen und daruntergeschrieben: »3 Fehler, Note 3, Gysi«. Wenn der Neonazi einen Rest Humor besessen haben sollte, hat er den Zettel aufgehoben für seine Enkelin. Aber ich habe da meine Zweifel.

Worauf ich mit dieser Anekdote hinaus will, ist Folgendes: Eine effektive Rede darf niemals monologisch sein. Auch dann nicht, wenn man sie allein hält. Sie funktioniert am besten, wenn man mit den anderen »spricht«, also in einen wenigstens simulierten Dialog tritt.

Am 2. Oktober 2015 hielt ich meine letzte Rede als Fraktions-

vorsitzender im Deutschen Bundestag. Die FDP gehörte zu jener
Zeit dem Bundestag nicht an. Ich sagte unter anderem: »Los sind

Sie mich noch nicht; denn ich bleibe ja im

Eine effektive Rede Bundestag.« Von meiner Fraktion bekam

darf niemals ich dafür dankenswerterweise Beifall. Aus

monologisch sein. der CDU/CSU-Fraktion hingegen war der

Zuruf zu hören: »Schade!« – »Aber ich
werde dann deutlich seltener und auch zu anderen Anlässen
reden«, fuhr ich fort. Darauf warf Michael Grosse-Brömer von
der CDU/CSU-Fraktion ein: »Wir wissen gar nicht, ob wir uns
freuen oder Mitleid haben sollen!«

»Ich muss schon deshalb aufhören«, sprach ich weiter, »weil
ich jetzt länger eine Abgeordnetengruppe beziehungsweise eine
Fraktion leite als Herbert Wehner oder Wolfgang Mischnick. Da
sagte ich mir: Gregor, nicht übertreiben!« Diese Äußerung sorgte
schließlich für Heiterkeit im ganzen Hause. Zudem verwies ich
in meiner Rede auf Folgendes:

»Was halten Sie davon, dass jede Partei, die im Bundestag
vertreten ist, anlässlich der Bundestagswahl eine Frage an die
Bevölkerung stellen kann, die mit Ja oder Nein zu beantworten
ist? Das Bundesverfassungsgericht muss in einem kurzen Verfahren prüfen, ob sowohl die Antwort ›Ja‹ als auch die Antwort
›Nein‹ grundgesetzgemäß ist. Außerdem muss es Begrenzungen
hinsichtlich der Bindungen des Bundeshaushalts geben, weil wir
Linken sonst mit unserer Frage gleich zwei Bundeshaushalte auf
einmal ausgeben würden. Das verstehe ich. Was halten Sie von
einer Ergänzung unserer Debattenkultur? Bisher haben wir doch
nur Reden. Wenn wir nur Reden haben, entscheidet man selbst,
auf welche Argumente des Vorredners man eingeht oder nicht
eingeht. Stellen Sie sich doch einmal vor, neben den Reden hätten wir eine Streitdebatte, zum Beispiel zehn Minuten lang ein
Streitgespräch zwischen Kauder und Gysi, immer redet jeder je
eine Minute: Ich kann seinen Argumenten nicht ausweichen, er

kann meinen Argumenten nicht ausweichen. Glauben Sie mir, es würde hier sehr viel spannender werden, wenn wir solche Dinge im Bundestag einführen würden.« Dafür erhielt ich nicht nur aus »meiner« Fraktion Beifall, sondern auch von Abgeordneten des Bündnisses 90/Die Grünen.

»Der Ruf der Politikerinnen und Politiker in unserer Gesellschaft ist ziemlich schlecht«, wurde ich in der Fortsetzung meiner Argumentation noch deutlicher. »Dank Ihnen!«, warf Mark Hauptmann von der CDU/CSU ein; in seinen Reihen war man an diesem Tag offenbar sehr um eine Art von Dialog bemüht. »Das hat viele Gründe«, setzte ich meine Erläuterung fort. »Aber die wichtige Arbeit der Mitglieder des Bundestages in den Ausschüssen kann die Öffentlichkeit nicht wahrnehmen. Ich verstehe, dass man dort kameragerechtes Verhalten verhindern will. Aber vielleicht kann man Ausschusssitzungen teils öffentlich, teils nicht öffentlich durchführen, damit die Bürgerinnen und Bürger wissen, wo Abgeordnete außerdem arbeiten und wie viel sie arbeiten. Auch die Fragestunde zur Politik der Bundesregierung muss meines Erachtens dringend kulturell belebt werden. Ich wünsche mir eine andere politische Kultur. Ich weiß, dass die Union auch in den seltenen Fällen voller Übereinstimmung zusammen mit uns keine Anträge stellt.« (Zuruf von der CDU/CSU: »Zu Recht!«) »Ich glaube, das stärkt falsche Ansichten in der Union und bei uns. Denken Sie darüber nach.« Auch dafür bekam ich sowohl aus der eigenen Fraktion als auch aus der Fraktion von Bündnis 90/Die Grünen Beifall, bevor ich mit den folgenden Zeilen schloss:

»Zum Schluss. Ich habe bisher die Abgeordneten nie als Kolleginnen beziehungsweise Kollegen begrüßt. Das wird Ihnen gar nicht aufgefallen sein. Das hängt mit den Diskriminierungen und Verletzungen zusammen, die ich erlebt habe, auch im Immunitätsausschuss. Die FDP hat bei mir immer einen kleinen Stein im

Brett, und zwar, weil sie als Einzige nicht mitgemacht hat. Inzwischen werde ich aber auch mit Respekt behandelt. Nun muss auch ich mir einen Ruck geben. Deshalb sage ich Ihnen jetzt: Herr Präsident, liebe Kolleginnen und Kollegen, ich wünsche Ihnen allen aufrichtig beste Gesundheit, schöne Erlebnisse, viel Glück und nur ein wenig vom Gegenteil, um nicht zu verlernen, Glück zu schätzen. Außerdem wünsche ich Ihnen allen größte politische Erfolge – natürlich nur insoweit, wie sie mit meinen politischen Sichten übereinstimmen. Und da Sie für mich immer eine Herausforderung waren, was zweifellos zu meiner Entwicklung beigetragen hat, sage ich Ihnen auch: Danke.«

Blicke ich auf alte Reden, kommt mir ein Zitat in den Sinn:

»Bilde, Künstler, rede nicht!
Nur ein Hauch sei dein Gedicht!«

Diese beiden Zeilen hat Goethe 1815 als Motto dem Abschnitt »Kunst« in seinen gesammelten Gedichten vorangestellt. Rede nicht? In der Politik ist die gute Rede bereits eine Art hoher Kunst, die es möglichst zu beherrschen gilt. Klar, ein Gedicht ist so eine Rede beileibe nicht. Doch der Hauch, den Goethe anführt, ist ein lehrreicher Hinweis auf das Fragmentarische, Vergängliche jeder noch so entschieden vorgetragenen Ansprache.

Anhang: Reden

I.
Deutsches Europa?
Europäisches Deutschland?

Geld schafft keine kontinentale Einheit

(Rede zur Festlegung des Teilnehmerkreises an der dritten Stufe der Europäischen Wirtschafts- und Währungsunion, gehalten im Bundestag am 23. April 1998)

Es war hier viel die Rede von europäischer Integration. Zweifellos ist die Einigung Europas ein großes politisches Ziel. Ich erinnere mich an die Tage, als die Mauer fiel, als die Diskussion um die Herstellung der deutschen Einheit begann und als die bange Frage gestellt wurde: Was wird das nun? Wird das ein deutsches Europa, oder wird es ein europäisches Deutschland? Diese Frage hat damals nicht nur die Außenpolitikerinnen und Außenpolitiker in diesem Land und in anderen Ländern bewegt, sondern viele Menschen.

Die Frage, die sich bei der heutigen Debatte ergibt, ist meines Erachtens eine andere: Wie kommt man zu einer europäischen Integration? Kommt man tatsächlich zu einer europäischen Integration, indem man ein Europa der Banken schafft? Oder käme man nicht viel eher zu einer europäischen Integration, wenn man über den Weg der Kultur, wenn man über den Weg der Chancengleichheit in den Gesellschaften, wenn man über den Weg der Angleichungsprozesse und das Ziel der sozialen Gerechtigkeit ein solches Europa integriert?

Das ist unsere grundsätzliche Kritik an dem Vorhaben, über das es heute zu beschließen gilt. Man kann einen Kontinent nicht über Geld einen. Das hat in der Geschichte noch niemals funktioniert, und das wird auch hier nicht funktionieren.

Sie, Herr Genscher, haben vor allem davor gewarnt, dass es schlimme Folgen hätte, wenn die Europäische Währungsunion scheiterte. Ich behaupte, sie kann auch scheitern, wenn man sie einführt, nämlich dann, wenn die Voraussetzungen nicht stimmen.

Darüber müsste nachgedacht und, wie ich finde, auch länger diskutiert werden. Ich sage: Im Augenblick wird das ein Europa für erfolgreiche Rüstungs- und Exportkonzerne, für Banken, vielleicht noch für große Versicherungen. Es wird kein Europa für kleine und mittelständische Unternehmen, kein Europa für Arbeitnehmerinnen und Arbeitnehmer, kein Europa für Gewerkschaftsbewegungen und auch kein Europa für die sozial Schwächsten in den Gesellschaften der Teilnehmerländer.

Wie verhält sich denn Deutschland zu diesem wirklichen europäischen Integrationsprozess? Ist es nicht so, dass es die Union – auch unter Kritik der FDP – vor Kurzem abgelehnt hat, auch nur den Kindern von Eltern, die seit Jahrzehnten in Deutschland leben und die noch eine andere Staatsangehörigkeit haben, die deutsche Staatsangehörigkeit zu gewähren?

Wer dazu Nein sagt, will doch gar keine Integration, zumindest nicht auf dieser kulturellen, auf dieser menschlichen Ebene, auf die es in diesem Zusammenhang ankäme.

Ich weise darauf hin, dass die Bundesregierung den Euro vehement gefordert und gefördert hat, es aber gleichzeitig abgelehnt hat, die Arbeitslosigkeit europapolitisch anzugehen. Von dem, der die Arbeitslosigkeit nicht europäisch bekämpfen will, behaupte ich, dass dessen Integrationswille nur auf einer Strecke ausgebildet ist, und zwar im Hinblick auf das Geld, aber nicht bezüglich der sozialen Frage, bei der dies wichtig wäre.

Wir alle wissen, dass wir es mit sehr ernst zu nehmenden, auch rechtsextremistischen Erscheinungen in unserer Gesellschaft zu tun haben, dass Rassismus zunimmt, dass zum Beispiel in einem Land wie Sachsen-Anhalt das Ansehen rechtsextremistischer Parteien leider zunimmt. Das alles macht uns große Sorgen. Ich sage: Da ist eine richtige, eine die Menschen mitnehmende, an ihre sozialen Interessen anknüpfende europäische Integrationspolitik entscheidend. Wenn man sie unter falschen Voraussetzungen betreibt, dann wird sie der Keim zu einem neuen Nationalismus und damit auch zu steigendem Rassismus sein. Das ist unsere große Sorge, die wir hier formulieren wollen.

Hier ist gesagt worden, dass es in Europa ohne Euro keinen Abbau von Arbeitslosigkeit geben werde. Das verstehe ich überhaupt nicht. Täglich wird uns erzählt, dass in bestimmten europäischen Ländern Arbeitslosigkeit durch verschiedenste Maßnahmen erfolgreich abgebaut wurde, ohne dass es den Euro gab.

Ich halte es immer für gefährlich, wenn scheinbar zwingende Zusammenhänge hergestellt werden, die in Wirklichkeit nicht existieren, nur um ein anderes Ziel damit begründen und erreichen zu können.

Im Gegenteil, der Euro birgt auch sehr viele Gefahren für Arbeitsplätze, und es bringt uns gar nichts, auf diese nicht einzugehen.

Der Bundeskanzler ist heute mehrmals historisch gewürdigt worden. Ich werde mich an dieser Würdigung zu Ihrem Wohle nicht beteiligen, Herr Bundeskanzler.
(Hans Michelbach [CDU/CSU]: Das wollen wir auch nicht! Das wäre völlig falsch!)

Ich würde mich an Ihrer Stelle nicht so sehr in der Vergangenheit definieren lassen. Das birgt ja auch Probleme. Man kann natürlich leicht den Euro einführen, wenn man sagt: Es wird eine andere Regierung sein, die ihn auszubaden hat. Das ist natürlich auch ein Problem, vor dem wir hier stehen.
(Beifall bei der PDS – Zurufe von der CDU/CSU)

Ja, unterhalten wir uns über die Voraussetzungen. Fangen wir mit den Demokratiedefiziten an, die es in Europa gibt. So haben zum Beispiel sehr viele Juristen erklärt, ob wir heute im Bundestag Ja oder Nein zum Euro sagten, ob der Bundesrat morgen Ja oder Nein zum Euro sagen werde, sei unerheblich. Er werde in jedem Falle kommen, weil dies nämlich längst mit dem Vertrag von Maastricht ratifiziert sei und im Grunde genommen kein Weg daran vorbeiführe.

Am 2. Mai tagt das Europäische Parlament. Hat es in der Frage der Einführung des Euro, in der Frage der Herstellung der Währungsunion etwas zu entscheiden? Es hat nichts zu entscheiden.

Es hat nur mit zu beraten. Selbst wenn dort eine große Mehrheit Nein sagen würde, würde das an der Einführung des Euro zum 1. Januar 1999 nichts mehr ändern. Da wird das gesamte Defizit deutlich, das dieser Vertrag in Fragen der Demokratie mit sich bringt.

Wir schaffen eine europäische Währung, haben aber keinen europäischen Gesetzgeber, keine europäische Verfassung, keine garantierten europäischen Rechte und verlagern die Funktionen vom Parlament auf die Exekutive in Brüssel. Das heißt, wir heben die Gewaltenteilung in der Gesellschaft schrittweise auf, damit sich dann die jeweilige Bundesregierung und auch die Regierungen der anderen Länder und deren Parlamente auf Brüssel herausreden und sagen können: Wir können in diesen Fragen gar keine nationale Politik mehr machen, weil uns die Möglichkeiten genommen sind. Aber wir haben eben kein demokratisches europäisches Äquivalent. Das ist ein Hauptmangel der Verträge von Maastricht und Amsterdam.

Ich behaupte, der Euro kann auch spalten; denn er macht die Kluft zwischen den Mitgliedsländern der Europäischen Union und jenen, die nicht Mitglieder der Europäischen Union sind, nicht kleiner, sondern größer. Der Weg gerade für die osteuropäischen Länder, für die sich Herr Genscher so eingesetzt hat, in die Europäische Union wird dadurch nicht leichter, sondern schwieriger werden.

Er unterscheidet innerhalb der Mitgliedsländer der EU zwischen jenen, die an der Währungsunion teilnehmen, und jenen, die daran nicht teilnehmen. Das ist das erste Mal eine ökonomische und finanzpolitische Spaltung zwischen den Mitgliedsländern der Europäischen Union. Er unterscheidet aber auch und stärker die Euro-Länder. Ob Frau Matthäus-Maier, ob die Sprecherin der

Grünen, ob CDU/CSU oder FDP, alle würdigen am Euro, dass sich die Exportchancen Deutschlands erhöhen würden. Wenn das dann so ist, dann müssen doch andere Produktionsunternehmen in anderen Ländern darunter leiden. Anders ginge es doch gar nicht.

Das heißt, wir wollen den Export Deutschlands erhöhen und damit die Industrie in Portugal, Spanien und anderen Ländern schwächen. Die werden verostdeutscht, weil sie diesem Export nicht standhalten können. Das ist eines der Probleme, das zu einer weiteren Spaltung innerhalb Europas führt.

Das Zweite ist: Es geht selbst innerhalb der verschiedenen Länder um unterschiedliche Regionen. Es haben doch nur die Regionen etwas davon, die in erster Linie vom Export leben. Was ist denn mit jenen Regionen auch in Deutschland, die kaum exportieren? Sie wissen, dass der Exportanteil der ostdeutschen Wirtschaft fast null ist. Sie hat überhaupt nichts davon. Im Gegenteil, die Binnenmarktstrukturen werden durch Billigprodukte und Billiglöhne systematisch zerstört werden.

Deshalb sage ich: Es ist ein Euro der Banken und der Exportkonzerne, nicht der kleinen und mittelständischen Unternehmen, die auf den Binnenmarkt angewiesen sind, nicht der Arbeitnehmerinnen und Arbeitnehmer.

Wir haben es mit einem weiteren Problem zu tun, nämlich dem, dass der Reichtum in diesem Europa wachsen wird, aber in immer weniger Händen liegen wird. Dafür ist Deutschland ein lebendiges Beispiel. Lassen Sie mich nur eine Zahl nennen.

1990, nach der Herstellung der deutschen Einheit, hatten wir in der Bundesrepublik Deutschland ein Sparvermögen von etwas über drei Billionen DM. Das sind 3000 Milliarden DM. Ende 1996 hatten wir ein privates Sparvermögen von fünf Billionen DM, das heißt, von 5000 Milliarden DM.

Im Durchschnitt hat jeder Haushalt in der Bundesrepublik Deutschland ein Sparguthaben von 135000 DM. Nun können sich die Bürgerinnen und Bürger einmal ausrechnen, wie weit sie unter diesem Durchschnitt liegen. Dieser Durchschnitt kommt dadurch zustande, dass in zehn Prozent der Haushalte der Reichtum so gewachsen ist.

Da sagt doch der Herr Merz von der CDU/CSU, dass es die größte Katastrophe wäre, wenn nach einem Regierungswechsel die Reformen rückgängig gemacht würden. Was heißt denn das? Wollen Sie ein Europa, einen Euro mit immer mehr Kürzungen des Rentenniveaus? Wollen Sie ein Europa mit immer mehr Zuzahlungen für Kranke bei Medikamenten und bei ärztlichen Behandlungen? Das waren doch Ihre Reformen. Wollen Sie ein Europa, in dem zehn Prozent der Bevölkerung sinnlos immer reicher werden und andere immer mehr draufzahlen müssen? Das ist das Ziel Ihrer Politik. Ich finde, diese Reformen müssen unbedingt rückgängig gemacht werden.

Was hat denn die Vermehrung des privaten Vermögens bei zehn Prozent der Bevölkerung um 2000 Milliarden DM in sechs Jahren – das muss man sich einmal überlegen – der Wirtschaft gebracht? Welche Investitionen sind denn davon getätigt worden? Welche Arbeitsplätze wurden denn geschaffen? Weder im Osten noch im Westen hat es etwas gebracht. Der wachsende Reichtum hat nur zu noch mehr Arbeitslosen geführt. Deshalb ist das der falsche Weg nach Europa.

Mit der Demokratiefrage hängt übrigens auch zusammen, dass Finanz- und Geldpolitik kaum noch möglich sein werden. Die Zuständigkeit hierfür wird an die Europäische Zentralbank abgegeben. Sie wird dadurch anonymisiert. Damit wird erreicht, dass sich die Regierungen herausreden können, indem sie es auf die Bank schieben, und erklären können, dass sie keine politischen Spielräume haben, weil die Europäische Zentralbank bestimmte Vorgaben gemacht hat. Wer so eine Politik einleitet, zerstört Demokratie, denn Auswahl haben die Menschen nur in der Politik und nicht bei der Bank. Da haben sie nicht zu entscheiden. Das ist die Realität in dieser Gesellschaft und auch in anderen europäischen Gesellschaften.

Unsere größte Kritik richtet sich aber auf einen anderen Punkt; das ist das Wichtigste: Wer europäische Integration will, muss europäische Angleichungsprozesse einleiten. Dazu würde gehören, die Steuern zu harmonisieren, die Löhne und Preise anzugleichen und auch soziale, ökologische und juristische Standards anzugleichen. Es macht ökonomisch einen großen Unterschied, ob es gegen irgend etwas ein Einspruchsrecht gibt oder nicht. In dem einen Fall ist es nämlich teurer als in dem anderen Fall.

Wenn Sie das alles politisch nicht leisten und stattdessen sagen, wir führen eine Einheitswährung ein, um die Angleichungsprozesse zu erzwingen, dann sagen Sie damit doch nichts anderes, als dass Sie ganz bewusst Lohnwettbewerb, also in Wirklichkeit Lohndumping und Kostendumping, organisieren wollen.

Den größten Vorteil hat immer derjenige mit den niedrigsten Steuern, den niedrigsten Löhnen, den niedrigsten Preisen und den niedrigsten ökologischen, juristischen und sozialen Standards; dieser wird sich durchsetzen. Das führt zu einem Europa des Dumping, des Abbaus nach unten. Wer so etwas organisiert, der – das behaupte ich – organisiert nicht nur Sozial- und Lohnabbau, sondern er organisiert auch zunehmenden Rassismus. Das mag nicht bewusst geschehen, aber es wird die Folge sein. Heute erleben wir das schon auf den Baustellen in Deutschland und in anderen Ländern.

Deshalb sagen wir: Das ist der falsche Weg. Wir hätten hier einen anderen einschlagen müssen. Erst wenn wir die Angleichungsprozesse politisch gemeistert hätten, hätte man am Schluss der Entwicklung als Krönung eine Einheitswährung einführen können. Wer aber die Angleichung über die Währung erzwingt, der erzwingt eine Angleichung nach unten mit all ihren katastrophalen sozialen Folgen. Alle Fraktionen, die heute zustimmen, haften dann auch für die Folgen, die dadurch eintreten, unabhängig davon, welche Motive sie dabei haben.

Es ist davon gesprochen worden, dass eine Währung Frieden herstellen kann. Ich glaube das nicht. Das gilt nur, wenn die Voraussetzungen dafür stimmen. Nämlich nur dann, wenn es gelingt, Spannungen abzubauen, ist eine Währung friedenssichernd. Wenn aber dadurch neue Spannungen entstehen, kann auch eine gegenteilige Wirkung erzielt werden. Das wissen Sie. Sie wissen, dass die einheitliche Währung in Jugoslawien keinen Krieg verhindert hat. Er war einer der schlimmsten der letzten Jahre.

Lassen Sie mich als Letztes sagen: Der Hauptmakel dieser Währungsunion wird bleiben, dass Sie die deutsche Bevölkerung nicht gefragt haben. Sie hätten in dieser entscheidenden Frage einen Volksentscheid durchführen müssen. Dann hätten Sie auch Ihrer Aufklärungspflicht nachkommen müssen. Das widerspricht, Herr Kollege Merz, nicht parlamentarischer Demokratie. Auch Frankreich, Dänemark und Irland sind parlamentarische Demokratien und haben dennoch einen Volksentscheid durchgeführt. Nein, man kann das Volk nicht nur wählen lassen. In wichtigen Sachfragen muss man es auch zu Entscheidungen und zum Mitmachen aufrufen. Anders wird man Integration in Europa nicht erreichen.

II.
Wie viele Bomben sichern Menschenrechte?

Nein! zu einem Krieg in Afghanistan

(Rede zum Entschließungsantrag der Fraktion der PDS zu der Regierungserklärung des Bundeskanzlers zu der Beteiligung bewaffneter deutscher Streitkräfte an der Bekämpfung des internationalen Terrorismus, gehalten im Bundestag am 16. November 2001)

Der Bundesaußenminister hat zu Recht darauf hingewiesen, dass unser Antrag vom 7. November – an dem Tag ist er eingereicht worden – heute natürlich aufgrund der zwischenzeitlich eingetretenen Veränderungen hinsichtlich einiger weniger Aussagen nicht mehr ganz aktuell ist. Erstaunlicher finde ich aber, dass der gerade erst eingebrachte Antrag der Regierung, über den heute entschieden werden soll, schon nicht mehr aktuell ist. Dort ist vom Taliban-Regime in Kabul die Rede, das beseitigt werden soll. Zumindest in Kabul gibt es das nicht mehr. Insofern hätten Sie Ihren Antrag vielleicht ändern müssen.

Die PDS-Fraktion bleibt bei ihrem Nein zur Beteiligung Deutschlands an diesem Krieg, weil wir diesen Krieg nach wie vor für falsch halten und weil wir ebenfalls davon überzeugt sind, dass er jetzt in eine andere Phase tritt, die nicht etwa leichter, sondern zum Teil sehr viel komplizierter wird. Es muss in dieser Gesellschaft immer noch möglich sein, wenn man sich darüber einig ist, dass der Terrorismus zu bekämpfen ist, über den Weg der Bekämpfung demokratisch zu streiten. Da darf es auch keine falschen Disziplinierungen geben.

Afghanistan ist ein wirklich geschundenes Land, schon durch die sowjetische Invasion, die über viele Jahre, von 1980 bis 1989, dauerte, dann auch durch die Mudschahedin und die Taliban. Es wird höchste Zeit, dass ein anderes Regime kommt. Das hätte übrigens vorausgesetzt, dass man über Jahre die demokratischen Kräfte Afghanistans hätte unterstützen müssen, was aber nicht geschehen ist.

Hier wird in diesem Zusammenhang sehr viel über Frauenrechte gesprochen. Ich bin dagegen, die Dinge zu verschieben. Es wird doch nicht wegen der Frauenrechte bombardiert, sondern es wurde wegen der Anschläge in New York und Washington bombardiert. Denn wenn es um die Frauenrechte ginge, frage ich: Wie viele Länder wollen Sie denn noch bombardieren, bis Sie die durchgesetzt haben? Das kann nicht der Weg sein, um Frauenrechte durchzusetzen.

Der Weg führt nur über die Stärkung der demokratischen Kräfte. In dem Antrag ist so vieles unklar. Herr Bundeskanzler, Sie haben bis heute nicht die Frage beantwortet, wohin eigentlich diese Spürpanzer fahren sollen. In Afghanistan werden sie mit Sicherheit nicht gebraucht; dort gibt es gar keine ABC-Waffen, zumindest nach allen Informationen, die uns vorliegen. Vielleicht ist es der Irak. Aber dann sagen Sie, dass sie für den Irak vorgesehen sind, damit hier klar wird, dass dieser Krieg nicht mit Afghanistan endet, sondern weitere Länder erfassen wird. Darüber das Parlament im Unklaren zu lassen, ist wirklich nicht in Ordnung.

(Beifall bei der PDS. Gernot Erler [SPD]: Lesen Sie doch mal Ziffer 7, Herr Gysi! Das ist ausgeschlossen!)

Ich will Ihnen sagen, was der Unterschied ist. Wir waren, was die Bekämpfung des Terrorismus betrifft, für die Hauptüberschrift »Strafverfolgung«. Das heißt nämlich: Bestrafung der Schuldigen, aber auch Schutz der Unschuldigen. Krieg läuft unter dieser Überschrift nicht; er trifft nicht die Schuldigen und schützt auch nicht die Unschuldigen, ganz im Gegenteil. Das ist auch das Ergebnis dieses Krieges.

Ich habe mit großem Interesse gehört, Frau Bundesministerin, wie Sie die Entwicklungshilfe fördern wollen. Nur, dann müssen Sie schon eines klarstellen. Wenn das Ihre präventive Politik sein soll, wenn das das Neue an dieser Regierung sein soll: Weshalb ist der Etat der Entwicklungshilfe heute noch immer niedriger als im letzten Regierungsjahr von Kohl? Das ist die Wahrheit.

(Beifall bei der PDS sowie bei Abgeordneten der FDP. Dr. Wolfgang Gerhardt [FDP]: Das stimmt! Wo er recht hat, hat er recht!)

Insofern bin ich davon überhaupt nicht überzeugt. Auch 2002 sollte er übrigens deutlich niedriger sein als 2001. Aber die Haushaltsberatungen sind ja noch nicht abgeschlossen.

Nun haben Sie, Herr Bundeskanzler, das Ganze mit der Vertrauensfrage verbunden. Das wird Ihnen ja vorgeworfen. Ich finde, es gibt doch eine gewisse Berechtigung. Ich will auch sagen, weshalb, ich meine es ernst: Der Bundeskanzler will zum zweiten Mal in dieser Legislaturperiode, dass sich Deutschland

an einem Krieg beteiligt. Für ihn ist es selbstverständlich nicht unwichtig, ob seine eigenen Koalitionsfraktionen ihm diesbezüglich vertrauen und ihn unterstützen. Wenn sie es nicht täten, könnte er meines Erachtens diesen Krieg nicht führen; er könnte ihn nicht führen, allein gestützt auf die bürgerliche Opposition. Insofern mag an der Vertrauensfrage etwas dran sein. Nur, es gibt einen entscheidenden Schönheitsfehler. Sie, Herr Bundeskanzler, haben nämlich bis zum Sonntag erklärt: Es ist zwar bedauerlich, aber letztlich nicht sonderlich wichtig, ob die Mehrheit aus den eigenen Fraktionen kommt. Hauptsache, es gibt eine große Mehrheit des gesamten Parlaments. Damit haben Sie die sogenannten Abweichler geradezu animiert *(Dr. Wolfgang Gerhardt [FDP]: Ermuntert!)*, Erklärungen abzugeben und zu sagen: Wir sagen auf jeden Fall Nein. Nachdem die sich festgelegt haben, kommen Sie mit der Keule der Vertrauensfrage, um sie erfolgreich vorzuführen, und das wird Ihnen auch gelingen.
(Beifall bei der PDS. Dr. Wolfgang Gerhardt [FDP]: Das war ganz hinterlistig!)

Das Folgende sage ich zu denen, die aus Überzeugung Nein sagen wollten. Herr Westerwelle hat ja recht. Ich finde auch, dass es das abenteuerlichste Argument ist, die militärischen Teilerfolge der USA und der Nordallianz anzuführen.
(Dr. Wolfgang Gerhardt [FDP]: Ja!)

Denn entweder ist der Krieg richtig, dann muss man ihn auch führen, wenn man keine militärischen Teilerfolge vorweisen kann, oder er ist falsch. Dann kann man ihn nicht im Ernst plötzlich für richtig halten, bloß weil es militärische Erfolge gibt. Das macht einen Krieg nicht richtiger. Das ist wirklich eine abenteuerliche Argumentation.
(Beifall bei der PDS sowie bei Abgeordneten der CDU/CSU und der FDP)

Ich sage Ihnen in diesem Zusammenhang aber noch etwas anderes. Wenn diejenigen, die schriftlich, mündlich und in Interviews erklärt haben, dass sie dem Krieg aus Gewissensgründen nicht zustimmen können, heute sagen, dass sie jetzt doch zustimmen werden, weil die Entscheidung mit der Vertrauensfrage verbunden ist, dann muss ich sagen, dass das wirklich der blanke Opportunismus ist.

(Beifall bei der PDS sowie des Abgeordneten Dr. Wolfgang Gerhardt [FDP])

Das führt zu einer Beschädigung von Demokratie und Ansehen aller Politikerinnen und Politiker; denn im Kern bedeutet dies doch: Ein bisschen Mandat und ein bisschen Regierungsbeteiligung sind wichtiger als die Frage von Krieg und Frieden. Das zerstört Vertrauen in dieses Parlament und auch in diese Koalition.

Sie haben ja die Frage für sich schon beantwortet. Ich muss Ihnen noch aus einem anderen Grunde einen Vorwurf machen: Ich lese immer wieder, wie vielen ehemaligen Bürgerinnen und Bürgern der DDR vorgeworfen wird, dass sie sich unter den Bedingungen einer Diktatur opportunistisch verhalten haben. Man muss hinzufügen: Wenn sie damals Nein gesagt hätten, wäre das mit existenziellen Problemen verbunden gewesen. Hier, heute geht es aber nur um ein Bundestagsmandat, und Sie haben noch nicht einmal den Mut, zu Ihrem Nein zu stehen, das Ihrer Überzeugung entspricht. Sie sind nicht mehr berechtigt, Vorwürfe an die ehemaligen Bürgerinnen und Bürger der DDR zu richten.

Eine weitere Bemerkung zu diesem Punkt. Es wird ein falsches Bild inszeniert, nämlich das Bild, dass die Grünen insgesamt geschwankt haben. Die große Mehrheit war immer dafür. Es gab nur wenige, die eine andere Auffassung hatten. Diese werden

jetzt erfolgreich diszipliniert. Das ist der eigentlich traurige Vorgang. Angesichts der Ziererei – jeden Tag kann man in der Zeitung lesen, wie Sie sich immer quälen – muss ich Ihnen sagen: Sagen Sie doch einfach Ja dazu. Das ist doch zum größten Teil Ihre Überzeugung. Die anderen müssen den Mut zum Nein haben. Aber es darf nicht diesen Eiertanz – ein bisschen weniger Bomben oder einen Tag aussetzen – geben. Das ist doch nicht auszuhalten. In dieser Frage gibt es letztlich nur ein Ja oder ein Nein. Zu den Konsequenzen muss man dann auch stehen.
(Beifall bei der PDS sowie bei Abgeordneten der FDP)

(Präsident Wolfgang Thierse: Kollege Gysi, Ihre Redezeit ist deutlich überzogen.)

Eine letzte Bemerkung. Herr Bundeskanzler, da Sie die Entscheidung mit der Vertrauensfrage verbunden haben, möchte ich dem Bundesaußenminister raten: Äußern Sie sich nie wieder so schnell zur Innenpolitik! Sie haben sich jahrelang damit nicht beschäftigt. Alle Ihre Aussagen zur Arbeitslosigkeit, zur Wirtschaftskraft und zur Ökologie *(Dr. Wolfgang Gerhardt [FDP]: Stimmen überhaupt nicht!)* stimmen nicht. Die innere Einheit ist in den letzten drei Jahren keinen Millimeter vorangekommen. Im Gegenteil: Die Schere ist weiter auseinandergegangen. Deshalb können Sie von uns kein Vertrauen erwarten, sondern nur ein Nein. *(Anhaltender Beifall bei der PDS. Rezzo Schlauch [BÜNDNIS 90/DIE GRÜNEN]: So etwas wollte Regierender Bürgermeister werden!)*

III.
Wo ist Ihr Mut, Frau Kanzlerin?

Ein Plädoyer für Edward Snowden

*(Rede auf der Sondersitzung des Bundestages zu den Abhörak-
tivitäten der NSA und den Auswirkungen auf Deutschland und
die transatlantischen Beziehungen, gehalten am 18. November 2013, gekürt zur Rede des Jahres vom Seminar für Allgemeine Rhetorik der Eberhard Karls Universität Tübingen)*

Wir haben es mit einem Skandal zu tun, der in seinem Ausmaß
in dieser Art bisher noch nicht vorgekommen ist. Er bringt die
Bevölkerung dazu, sich eine Vielzahl von Fragen zu stellen. Die
erste Pflicht der Regierung wäre gewesen: Aufklärung, Aufklärung, Aufklärung. Sie haben aber in Wirklichkeit das Gegenteil
betrieben.

Was haben eigentlich die amerikanischen und britischen Geheimdienste gemacht? Sie nutzen die Internettechnologien,
um jedes Land in der Welt auszuspähen, egal ob Freunde oder

Feinde. Das spielt für sie gar keine Rolle. Es sind fünf Länder, die das machen, die berühmten »Five Eyes«, die fünf Augen: die USA, Großbritannien, Australien, Kanada und Neuseeland. Nur untereinander spionieren sie nicht; aber den ganzen Rest der Welt spionieren sie aus. »Untereinander« stimmt allerdings auch nicht ganz.

Ich werde Ihnen von einem Trick berichten: Der NSA ist es nämlich verboten, in bestimmten Fällen US-Bürgerinnen und US-Bürger abzuhören. Das macht dann für sie der britische Dienst und schickt ihr die Daten. So wird da getrickst. Das ist die Realität, um die es geht.

Das Ganze steht unter dem Stichwort Bekämpfung von Terrorismus, von Drogenkriminalität. Eine flächendeckende, umfassende Überwachung der Bevölkerungen fast aller Staaten hat etwas mit der Bekämpfung von Terrorismus und Drogenkriminalität zu tun? In welchem Verdacht steht eigentlich unsere Kanzlerin, wenn auch deren Handy abgehört wird? Ich glaube, bei dieser Begründung wird es doch grotesk.

(Beifall bei der LINKEN sowie bei Abgeordneten der SPD und des BÜNDNISSES 90/DIE GRÜNEN)

Ich muss ganz klar sagen: Von der Existenz und dem Umfang dieses Überwachungssystems wissen wir nur durch Edward Snowden. Es ist sein großes Verdienst. Er ist kein Krimineller, sondern: Er will die Weltbevölkerung vor Kriminalität schützen.

(Beifall bei der LINKEN sowie bei Abgeordneten des BÜNDNIS-SES 90/DIE GRÜNEN – Zuruf von der LINKEN: Bravo!)

Was hat er schon erreicht? Er hat eine andere Sensibilität erreicht. Ich hoffe, dass sich vieles ändern wird. Deshalb schulden wir Edward Snowden Dank. Es gibt einen sehr schönen Satz von Christa Wolf in ihrem Roman *Kassandra*. Dort heißt es: »Das alte

Lied: (...) Und dass wir lieber den bestrafen, der die Tat benennt, als den, der sie begeht.« Genau das muss sich ändern.

(Beifall bei der LINKEN sowie bei Abgeordneten der SPD und des BÜNDNISSES 90/DIE GRÜNEN)

Aufgrund der Veränderungen, die wir erlebt haben, schlage ich vor, Edward Snowden den Friedensnobelpreis zu verleihen. Er hat ihn verdient.

(Beifall bei der LINKEN sowie des Abg. Uwe Kekeritz [BÜNDNIS 90/DIE GRÜNEN] – Zuruf von der LINKEN: Bravo!)

Ja, er hat ihn verdient.

(Zuruf von der CDU/CSU)

Ob Sie sich nach meinem Vorschlag richten, ist eine andere Frage. Aber vorschlagen darf ich es doch noch. Oder darf ich das auch nicht mehr?

Was wissen wir? Mitarbeiterinnen und Mitarbeiter der US- und der britischen Botschaft haben direkt hier im Regierungsviertel abgehört. Warum haben Sie – die Bundesregierung, der Außenminister – nicht den Mut, jede Einzelne dieser Personen zur Persona non grata zu erklären? Das sieht das Völkerrecht in einem solchen Falle vor. Dann müssten sie innerhalb einer bestimmten Frist Deutschland verlassen, und die US-Regierung und die britische Regierung wüssten: Wir dulden eine solche Vorgehensweise nicht. Das wäre doch wohl das Mindeste.

Wir haben es also mit einem massenhaften Abhören der Bürgerinnen und Bürger – bis zum Handy der Kanzlerin –, aber auch der Unternehmen zu tun. Wir wissen, dass die britischen und amerikanischen Militärstützpunkte als Horchposten genutzt werden. Und wir wissen, dass es Industrie- und Wirtschaftsspionage mit Milliardenschäden für Unternehmen in unserem Land gibt. Nicht mal da werden Sie wach; nicht mal da unternehmen Sie wirklich etwas, um dies auszuschließen.

Die Briten und Amerikaner zapfen Internetkabel an Knotenpunkten an, zum millionenfachen Absaugen von Daten. Es ist schon gesagt worden: Google, Amazon, Facebook, Twitter und Microsoft geben auf Anfrage Daten an die Geheimdienste weiter. Und nun haben wir gehört, dass auch noch die Server dieser Kommunikationskonzerne angezapft worden seien, ohne dass die Konzerne es wussten. Es wird immer abstruser. Ich sage noch einmal: All diese Informationen verdanken wir Herrn Snowden. Er hat noch nie gelogen. Was er gesagt hat, hat sich immer als wahr herausgestellt.
(Thomas Stritzl [CDU/CSU)]: Sagt das Washington, oder was?)

Es gab immer eine Zusammenarbeit des BND mit britischen und amerikanischen Diensten. Der Datenaustausch war immer recht einseitig: Es ging mehr aus Deutschland dorthin als umgekehrt. Das war vor den Terroranschlägen vom elften September so, und danach auch. Das hat sich im Kern gar nicht geändert. Der BND hat den britischen Geheimdienst mit modernster Spionagetechnologie beliefert.

Es gab schon einmal einen Fall von Wirtschaftsspionage: das Programm Echelon. Da gab es einen Untersuchungsausschuss der Europäischen Union. Er hat dann festgestellt, dass es keine Zweifel mehr an der Existenz eines globalen Kommunikationsabhörsystems geben kann, das von den USA, Großbritannien, Australien, Neuseeland und Kanada betrieben wird, also wiederum von den »Five Eyes«; das hat der Untersuchungsausschuss 2001 festgestellt. Jetzt haben wir 2013, und es ist nichts geschehen.

Herr Bundesminister Friedrich, Sie waren ja in den USA. Dann kamen Sie wieder und sagten, Sie sind jetzt vollständig aufgeklärt; es ist alles in Ordnung. Ich muss Ihnen sagen: Sie haben sich einlullen lassen.

(Beifall bei der LINKEN, der SPD und dem BÜNDNIS 90/DIE GRÜNEN)

Oder haben die Ihnen erzählt, dass sie gerade noch dabei sind, die Kanzlerin abzuhören? Und dann stellt sich der Kanzleramtschef Pofalla hin und sagt: Das Thema ist erledigt; es ist alles erledigt. – Wann haben Sie sich denn jetzt mal bei der Bevölkerung entschuldigt und gesagt: »Wir sind getäuscht worden, wir haben uns geirrt«? Ich meine, Sie müssten sich doch wenigstens mal dafür entschuldigen.

(Beifall bei der LINKEN, der SPD und dem BÜNDNIS 90/DIE GRÜNEN)

Ich will auch noch etwas anderes sagen, das mir wichtig ist: Ich verstehe, dass die USA, Großbritannien und Frankreich 1949 und danach Deutschland ausspioniert haben. Es gab ein tiefes Misstrauen gegenüber unserem Land. Aber wir haben nicht mehr 1949, wir haben 2013. Inzwischen führen Sie – wenn auch gegen unseren Willen – gemeinsam Kriege wie in Afghanistan. Dann derartig ausspioniert zu werden, ist unverschämt und nicht hinnehmbar. Dagegen muss man etwas tun, dagegen muss man sich wehren.

Ich habe schon gesagt: Jetzt geht es um Aufklärung. Dazu brauchen wir Edward Snowden. Eine Befragung in Russland – ich bitte Sie! – ist doch indiskutabel. Stellen Sie sich mal vor: Ein Staatsanwalt oder Mitglieder des Untersuchungsausschusses befragen Snowden in Russland.

(Thomas Stritzl [CDU/CSU]: Sie kennen die Lage da, ne?)

Dann macht er sich strafbar, indem er antwortet. Und dann sagen wir zu Putin: Kümmere dich um seine Sicherheit! – Na, sagen Sie mal, das ist doch wohl grotesk.

(Beifall bei der LINKEN sowie bei Abgeordneten des BÜNDNIS-SES 90/DIE GRÜNEN)

Ich weiß gar nicht, seit wann Ihr Sicherheitsverhältnis zu Putin so eng ist.

Die Bevölkerung hat einen Anspruch auf Aufklärung. Und Sie haben recht, Herr Bundesminister. Sie sagen: Wenn Bürgerinnen und Bürger und die Kanzlerin abgehört wurden, dann sind das Straftaten, dann muss ermittelt werden. – Aber wie wollen Sie das ohne Snowden ermitteln? Das geht ja überhaupt nur, wenn Sie den Zeugen Snowden hören. Deshalb müssen wir ihm die Sicherheit gewähren.

Ich sage es ganz klar: Deutschland ist erst dann souverän, wenn es Herrn Snowden anhört, ihn schützt, ihm Asyl gewährt und seinen sicheren Aufenthalt organisiert – dann ist Deutschland souverän, vorher nicht.

(Beifall bei der LINKEN – Zuruf von der LINKEN: Bravo! – Zuruf von der SPD: Wie?)

Wenn Sie »Wie?« rufen, dann sage ich Ihnen: Wenn unsere Dienste nicht einmal das können, dann sollen sie dichtmachen. Das ist ja wohl das Mindeste, was wir gewährleisten können müssen.

Jetzt komme ich zu der Frage – sie ist auch interessant –, wie das alles überhaupt rechtlich läuft. Ich habe mich ein bisschen damit beschäftigt. Es gab die Pariser Verträge, die 1955 in Kraft getreten sind. Das hat Adenauer gemacht, um der Bevölkerung sagen zu können: Das Besatzungsstatut ist aufgehoben worden. – Das Problem war bloß, dass die Amis sagten, sie würden gerne ihre alten Rechte behalten. Deshalb sind Geheimverträge abgeschlossen worden. Ich hatte naiverweise erwartet, dass diese Verträge im Zuge der 2+4-Gespräche aufgehoben wurden. Sie wurden aber nicht aufgehoben, weil nämlich nur Abkommen mit allen vier Mächten aufgehoben wurden, nicht aber Abkommen mit drei Mächten, mit zwei Mächten oder mit einer Macht. Da war zwar alles, was mit den Russen und den anderen drei Mächten gemeinsam vereinbart war, heraus, aber der Rest blieb; und das geht nicht. Jetzt haben Sie erklärt: Im Sommer sind diese Verträge für unwirksam erklärt worden. – Wie eigentlich? Ich würde gerne einmal die Noten sehen. Was stand da eigentlich drin? Es gab auch neue Verwaltungsvereinbarungen. Sie sehen: Das ist alles ein Wirrwarr, der nicht mehr zu erklären ist. Vergessen Sie auch nicht das Aufenthaltsabkommen und das NATO-Truppenstatut. Auch hier haben sie Rechte, die fast an die Besatzungszeit erinnern. Ich kann nur sagen: Auch hier muss sich einiges ändern.

(Beifall bei der LINKEN – Dr. Günter Krings [CDU/CSU]: War das im Warschauer Pakt?)

Ich möchte jetzt wissen: Welche Verträge sind nun aufgehoben, welche gelten noch, und was steht da drin? Ich finde, die Bürgerinnen und Bürger haben einen Anspruch darauf, das zu erfahren. Ich möchte, dass eine weitere Frage beantwortet wird. In Wiesbaden wird gerade ein gigantisches Geheimdienstzentrum der NSA aufgebaut. Wer hat das eigentlich erlaubt? Von wem geht das aus? Was sollen die da betreiben? Auch hier hat die Bevölkerung doch einen Anspruch auf Informationen. Möglicherweise muss man den USA diesen Bau eben versagen.

Es gibt noch etwas, was mich interessiert. Herr Bundesinnenminister, ich nenne Ihnen vier Varianten – advokatisch –, wenn es um die Frage geht: Was haben eigentlich unsere Dienste in

Bezug auf die Rechtsverletzungen durch britische und amerikanische Dienste getrieben? Die erste Möglichkeit ist: Sie haben sie dabei unterstützt. Dann haben Sie gegen das Grundgesetz verstoßen, sich an Straftaten beteiligt, und das müsste sehr ernsthafte Konsequenzen nach sich ziehen.

Die zweite Möglichkeit ist: Sie haben es nur gewusst, aber nicht unterstützt. Dann müssen Sie aber die Bundesregierung informiert haben. Wenn die Bundesregierung informiert war, aber nichts erklärt hat, dann haben Sie das Grundgesetz verletzt, dann haben Sie Ihren Amtseid verletzt, und dann haben Sie großen Schaden angerichtet.

(Beifall bei Abgeordneten der LINKEN – Dr. Günter Krings [CDU/ CSU]: Abstrus!)

Wenn die Dienste es gewusst haben und die Bundesregierung nicht informiert haben – dritte Variante –, dann haben Sie wiederum so eine schwere Pflichtverletzung begangen, dass wir schon wieder über Ihre Zukunft diskutieren müssen.

Dann gibt es noch eine vierte Möglichkeit: Sie haben es gar nicht gewusst. Aber dann sind Sie so was von unfähig, dass man Sie ablösen kann. Darauf darf ich doch hinweisen!

(Beifall bei der LINKEN sowie bei Abgeordneten der SPD und des BÜNDNISSES 90/DIE GRÜNEN)

Ich habe folgende Frage: Gibt es denn Spionageabwehr nur gegen den Osten, nicht gegen den Westen? Dürfen wir Milliardenschäden, zum Beispiel in der Wirtschaft, zulassen, bloß weil wir uns nicht trauen, gegenüber den USA eine Spionageabwehr zu organisieren? Auch das geht nicht. Es gibt immer zwei Einwände, die auch Sie benutzt haben: Der eine Einwand betrifft die Wertegemeinschaft und der andere die Freundschaft mit den USA. Es gibt gemeinsame Werte zwischen den USA und Deutschland, aber es gibt auch Kriege wie in Vietnam, in Afghanistan oder im Irak. Es gab den Militärputsch in Chile mit der Ermordung von Allende. Es gibt das Gefangenenlager Guantánamo, wo täglich Menschenrechte verletzt werden. Es gibt den Krieg mit Drohnen. Eine Wertegemeinschaft nutzt nichts, wenn man bei der Verletzung von Werten nicht deutliche Kritik übt, und genau das machen Sie nicht.

(Beifall bei der LINKEN sowie bei Abgeordneten des BÜNDNIS-SES 90/DIE GRÜNEN)

Ich bin kein Antiamerikanist, überhaupt nicht. Ich bin gerne in den USA und spreche gerne dort mit den Menschen. Aber eines sage ich Ihnen: Freundschaft, wie Sie sie sich vorstellen, gibt es nicht. Mit Duckmäusertum und Hasenfüßigkeit *(Dr. Günter Krings [CDU/CSU]: Oje, oje!)* erreicht man keine Freundschaft, sondern das Gegenteil.

Nur dann, wenn wir gegenseitige Achtung und gegenseitigen Respekt herstellen, kann es eine wirkliche Freundschaft geben. Dazu brauchen Sie als Bundesregierung Mumm. Sie müssen der US-Regierung sagen: Schluss, aus; wir hören Snowden und schützen ihn. – Dann erst sind wir wirklich souverän. Sie müssen fordern: Verhandelt mit uns auf Augenhöhe! – Dann kriegen wir auch eine Freundschaft mit den USA hin. Was Sie machen, ist Duckmäusertum. Das kenne ich seit Jahrzehnten, und ich bin es so was von leid.

(Beifall bei der LINKEN – Widerspruch bei der CDU/CSU)

Ja, haben Sie endlich mal den Mumm! Genau so sind Sie hier auch. Ist doch nicht zu fassen!

(Bartholomäus Kalb [CDU/CSU]: Das ist nicht gut für Ihr Herz und den Blutdruck!)

Zum Schluss sage ich Ihnen: Wenn Sie nichts machen – Herr Friedrich, Sie haben gesagt, Sie verhandeln mit denen –, wissen Sie, was Sie diesen fünf Ländern damit eigentlich sagen? Sie sagen ihnen damit: Macht ruhig weiter so, von uns habt ihr nicht den geringsten Nachteil zu erwarten! – Ich wiederhole: Das verletzt schwer den Eid, den Sie geleistet haben, nämlich Schaden von unserer Bevölkerung abzuwenden.

Ich möchte, dass Sie jetzt den Mumm haben, die Beziehung auf eine andere Grundlage zu stellen, auf die Grundlage der Gleichberechtigung. Das ist nicht zu viel, und das ist nicht zu wenig verlangt. Die Weltmacht mit ihren Weltmachtallüren muss endlich begreifen, dass wir ein gleichberechtigter Partner sind und nicht jemand, mit dem man machen kann, was man will. Dazu brauchen Sie eine grundsätzlich andere Haltung, Frau Bundeskanzlerin und Herr Friedrich.

»Richtig ist, dass es nicht gelingt, eine belastbare Verbindung zu schaffen zwischen den Institutionen und den Menschen, die für diese Institutionen stehen. Es reicht nicht, die richtigen Entscheidungen zu treffen, sie müssen begründet werden – in einer Sprache, die sowohl im Hinblick auf die Argumente wie auf ihren Ausdruck überzeugend und transparent genannt werden darf.«

Norbert Lammert

Personenregister